JN245878

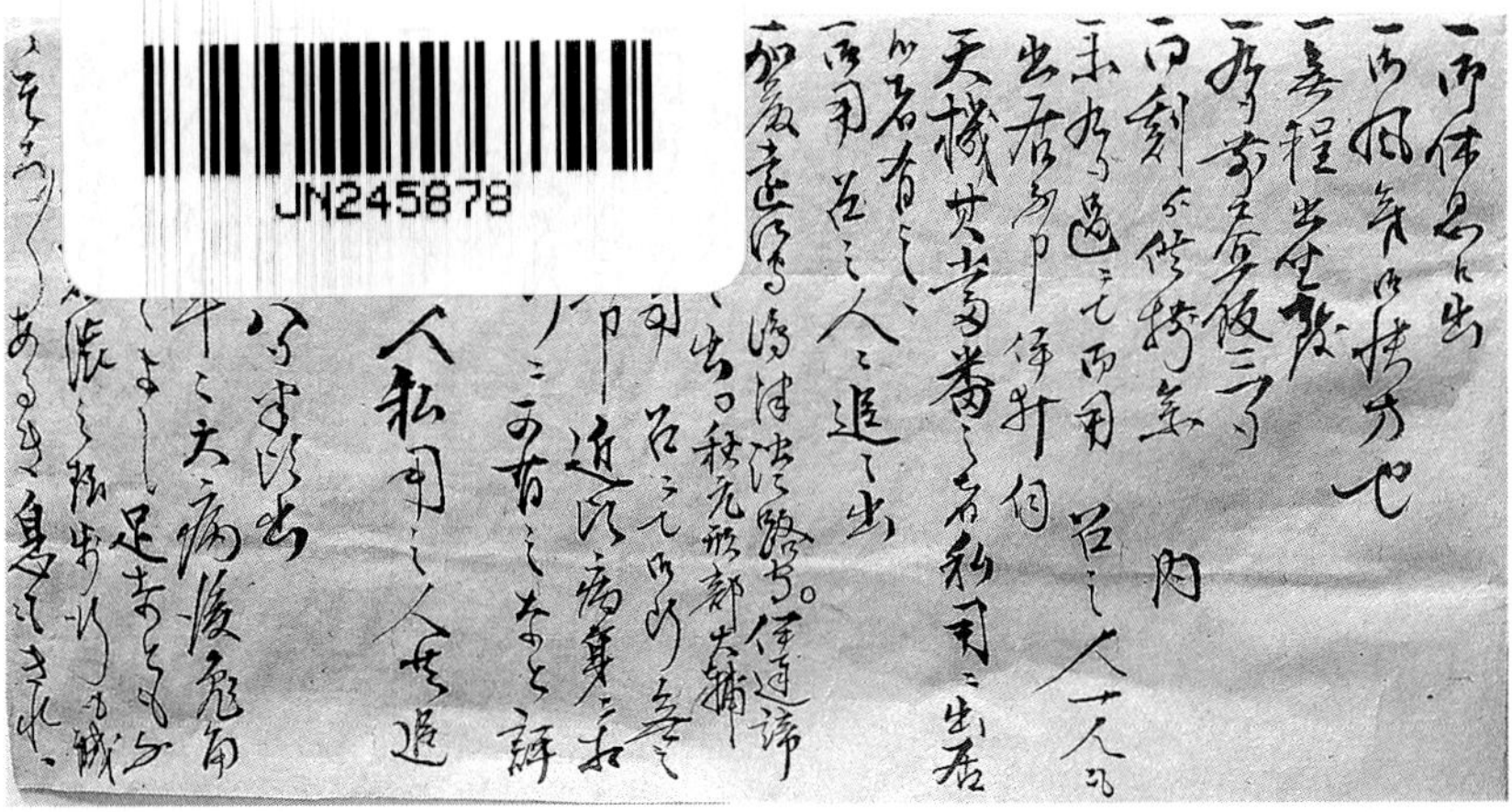

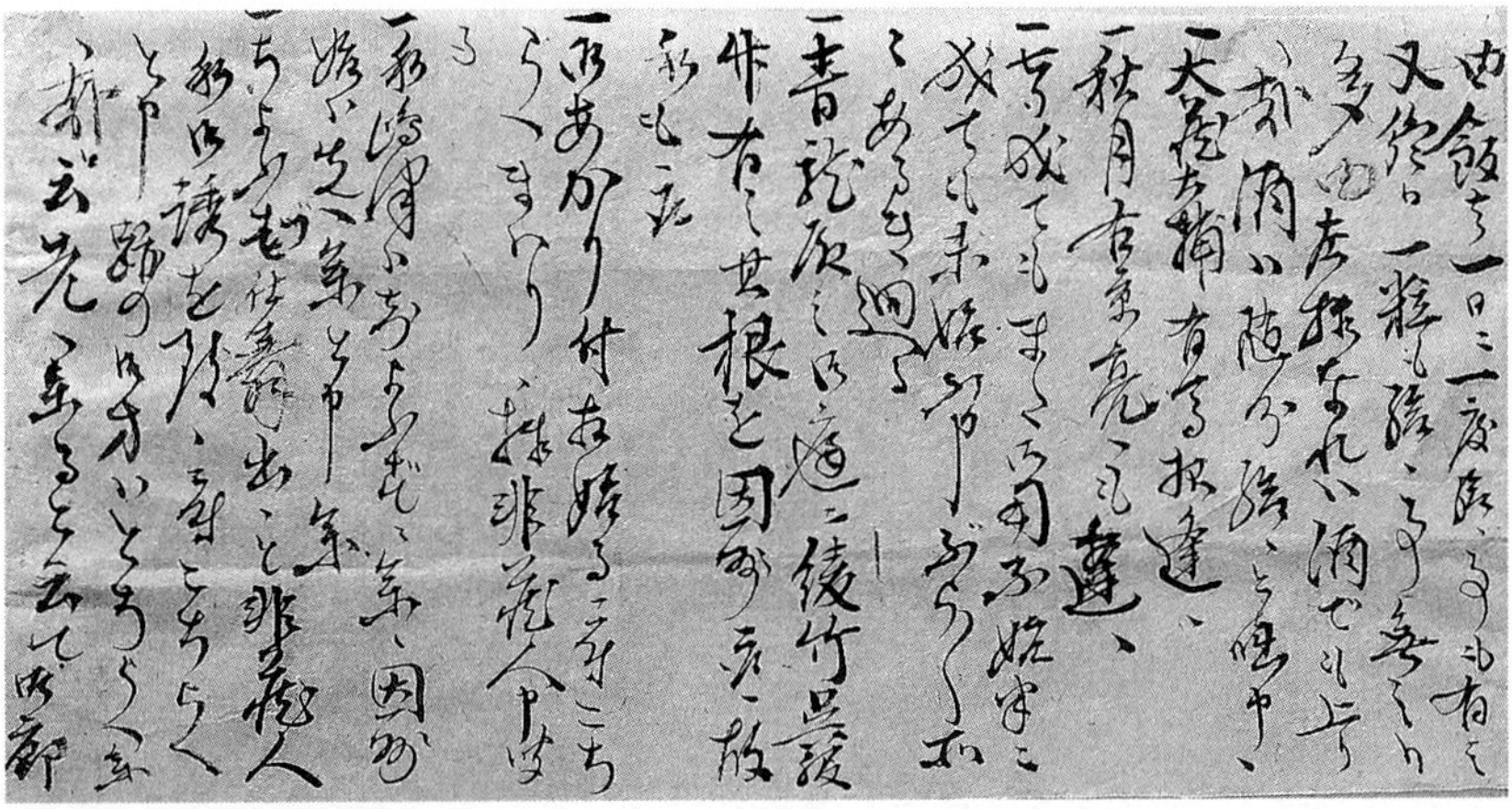

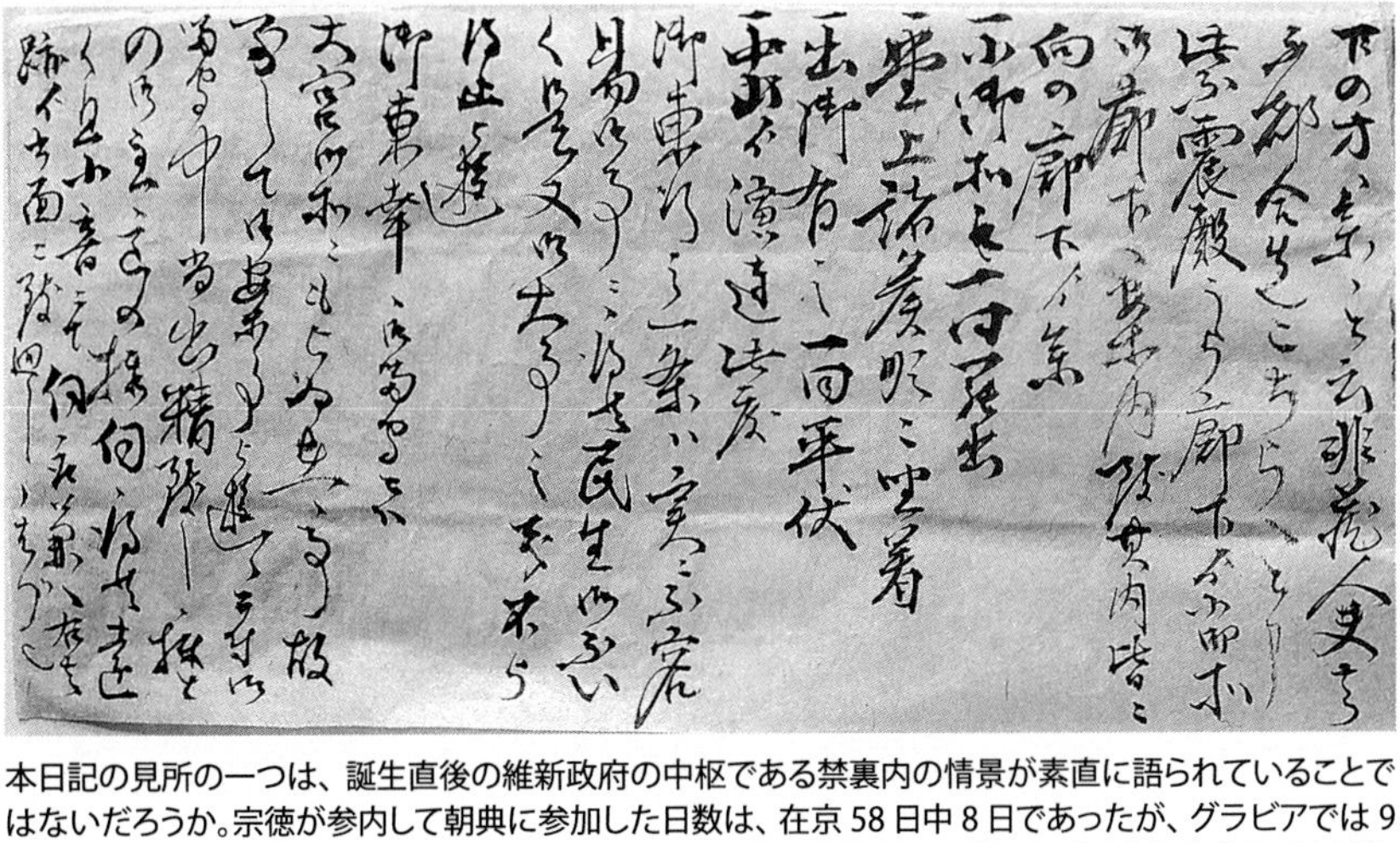

本日記の見所の一つは、誕生直後の維新政府の中枢である禁裏内の情景が素直に語られていることではないだろうか。宗徳が参内して朝典に参加した日数は、在京 58 日中 8 日であったが、グラビアでは 9 月 17 日に天皇東幸を前にして、在京諸侯が集められ、中山忠能卿から説明を受けた記事を取り上げた（本文 73 ～ 75 頁参照）。ちなみに、この期間に宗城が確実に参内しなかったのは 8 日だけだった。

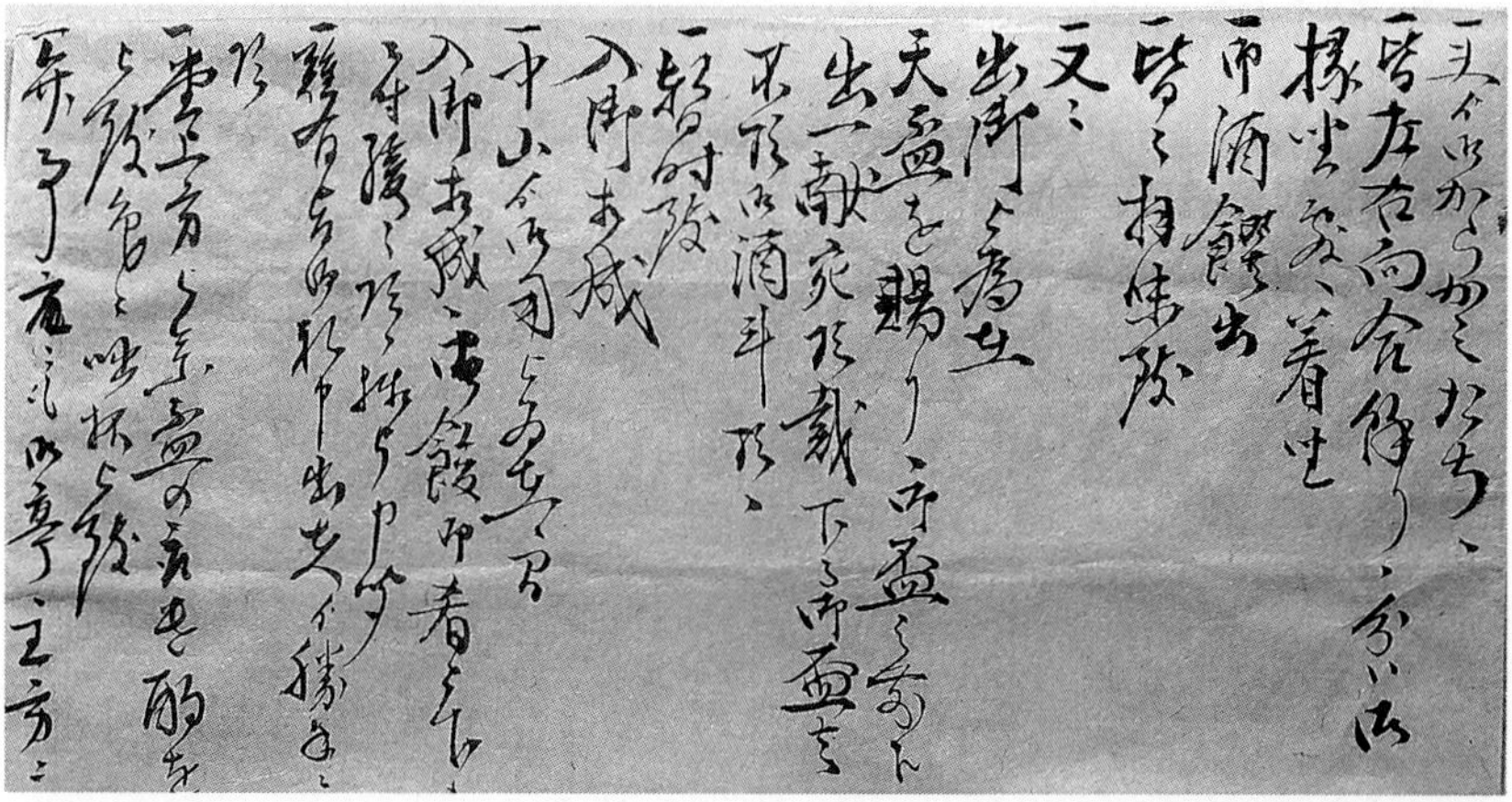

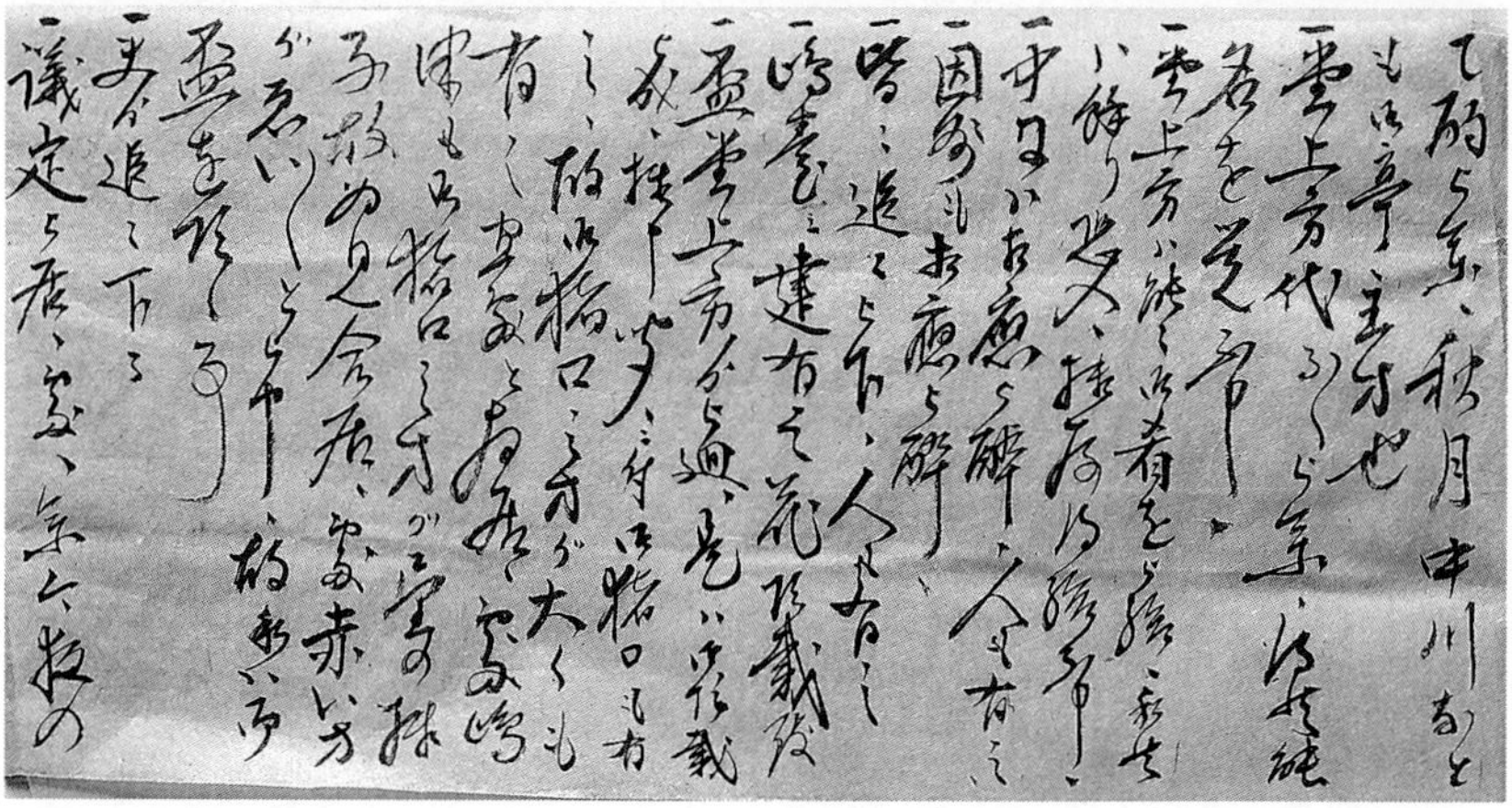

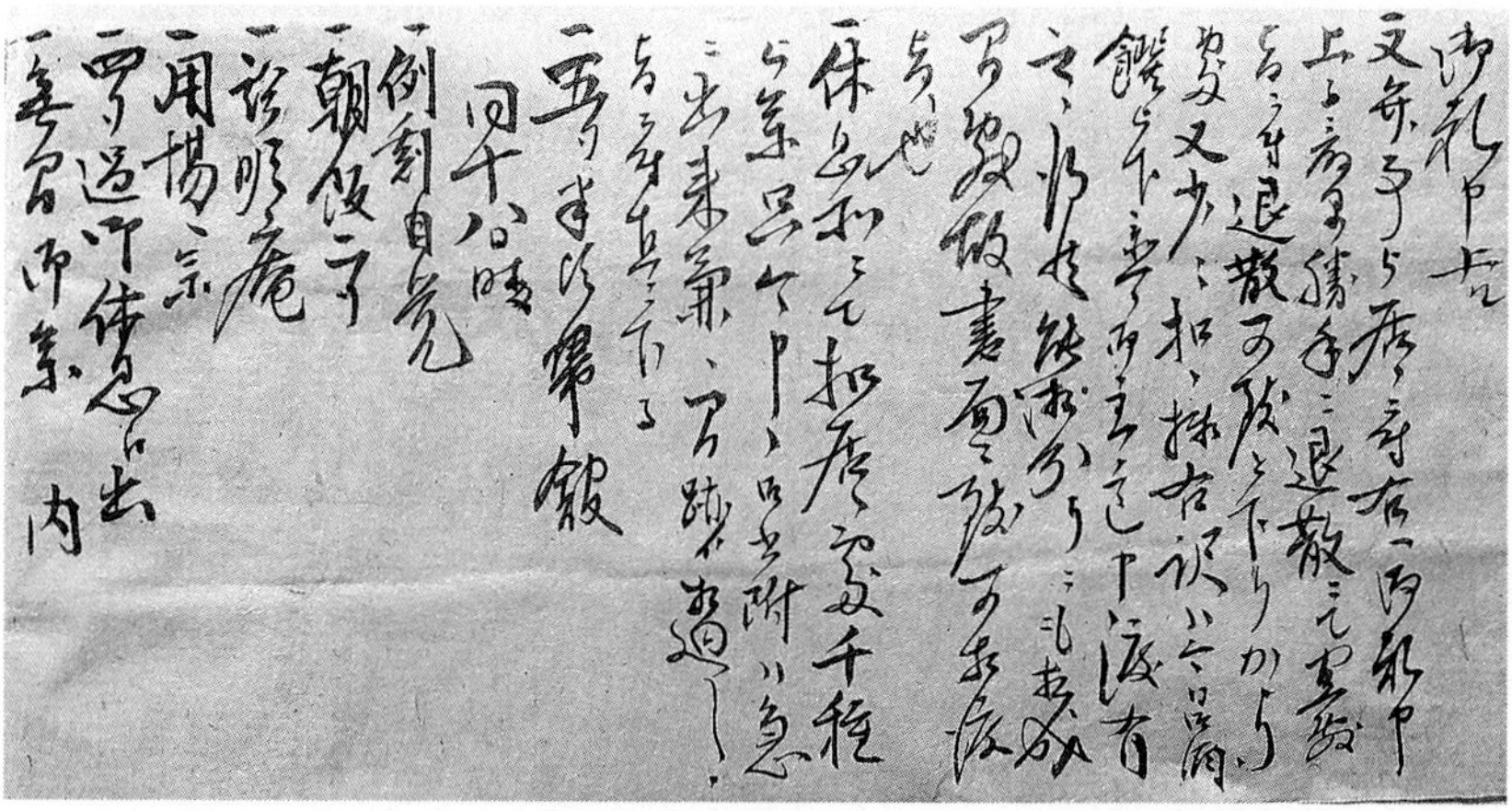

■宇和島伊達家叢書第六集■

伊達宗徳公在京日記　慶応四辰七月廿二日より明治元辰十月十八日着城迄

―宇和島・仙台伊達家戊辰戦争関連史料　その二―

『宇和島伊達家叢書』第六集の発行によせて

公益財団法人宇和島伊達文化保存会
理事長　伊達　宗信

このたび、『宇和島伊達家叢書』の第六集として、『伊達宗徳公在京日記　慶応四辰七月廿二日より明治元辰十月十八日着城迄』を発行する運びとなりました。

当保存会では、宇和島藩伊達家の初代藩主秀宗から九代藩主宗徳にいたる判物、系譜・系図・履歴、辞令書、建白・意見書、藩主直書、書翰・日記、及び藩政全般にかかる諸史料など、約四万点の大名家文書を保存しています。また、これらの原史料とは別に、明治以降に伊達家家記編輯所において筆写された稿本史料が、「藍山公記」と題する八代藩主伊達宗城の伝記稿本一八一冊をはじめとして一万五〇〇〇点近く残されています。宇和島伊達家叢書は、この原史料及び稿本史料から特に七代藩主宗紀、八代藩主宗城、九代藩主宗徳の時代に焦点をあててシリーズとして発行しようとするものです。

二〇一一年に宇和島伊達家叢書第一集『井伊直弼・伊達宗紀密談始末』、二〇一四年には『伊達宗城隠居関係史料』（共に当保存会評議員であった故藤田正氏が編集・校注）、二〇一五年からは当保存会前理事近藤俊文、同評議員水野浩一両氏の翻刻・現代語訳・解説で『伊達宗城公御日記　慶應三四月より明治元二月初旬―慶応四年三大攘夷事件関連史料　その一―』、『伊達宗城公御日記　明治元辰二月末より四月迠　在京阪―慶応四年三大攘夷事件関連史料　その二・その他―』、『伊達宗城公御日記　明治元辰四月末より六月迄　在京阪―宇和島・仙台伊達家戊辰戦争関連史料　その一・その他―』を刊行しております。第六集は宇和島藩の戊辰戦争に主要な視点が移っているので、その趣旨を全うするために、一旦『伊達宗城公御日記』を離れ、『伊達宗徳公在京日記　慶応四辰七月廿二日より明治元辰十月十八日着城迄』を発刊することにいたしました。

本シリーズが宇和島藩に対するご理解を深めるために、多くの人々にお読みいただけることを願っております。

目　次

凡　例

一　伊達宗徳公の直筆「慶応四辰七月廿二日より明治元辰十月十八日着城迄日記」（箱戊12）を翻刻し、二段組みにして注を付け、巻末に「解説」を付した。原文が平明なので、意訳文は省略した。

一　漢字は、原則として常用漢字を用い、常用漢字にないものは正字を用いた。

一　かなは、現行のひらがな・カタカナ表記とし、史料原文の「ゟ」などの合字は「より」に、「ヒ」「ホ」などの略字は「被」「等」と本字にした。

一　翻刻文の合字と略字以外は、原則改行も含め正確にありのままを再現した。不明字は□で表した。原文のルビは主として漢字をまじえたひらがな書きであり、そのままを表記した。翻刻者の解説的ルビはカタカナと漢字で表した。

一　伊達文化保存会収蔵史料の抽出、複写、整理は水野浩一が担当し、翻刻、注および解説は近藤俊文、水野浩一が行った。

一　引用文献は「解説」末にまとめた。それぞれの文献の後に、注に記載する略記を示した。

【史料】

伊達宗徳公在京日記

慶応四辰七月廿二日より明治元辰十月十八日着城迄

【史料】伊達宗徳公在京日記

慶応四辰七月廿二日ヨリ(1)
七月廿二日晴
一例刻目覚
一朝飯二ツ
一飛脚(2)認《シタタム》
一御休息え(3)出《出ル》
一四ツ過御参　内
一冨島左近将監出《出テ》(4)、肴献上致《致ス》
一居間ニて逢、菓子茶出《出シ》、ざん《暫》
じ《時》はなし《話》いたし下る《サガル》
一髪結候事
一河原治左衛門(5)より大鮎致献上《献上致ス》、
荒山《嵐山》の川ニてとれ候よし
一毛利大膳大夫殿被参(6)《マイラレ》、被逢《逢ワレル》
趣之処、折あしく髪
中ニて、乍残念、右之趣
申上候処、帰ニ相成
一琴陵宥常《ことおかひろつね》(7)　金光院之事、
使者を以て氷砂糖一箱到
来
一保科(8)より肴到来
一右自書(9)参、返事出《出ス》
一藤堂(10)より見事之交肴《マジリサカナ》(11)　到
来
一右肴、所々へ遣《遣ワス》、保科へも答
礼出《出ス》
一藤堂より参候肴ハ、
大屋形(12)様え御到来ニ候得
共、最早そんじ《損》、可申御留《オ止メ申スベキ》
間《アイダ》故、右之通り致《イタス》、当所
の肴ハ到之《到来》致候節より半
くさり《腐》の肴多、閉口也
一昼飯四ツ
一少々見る
一太政官日記《ママ》(13)見《見ル》
一佐竹(14)ハ立派の官軍也、家
老戸村十太夫、金《コン》大之進も仙
臺ニて連判盟約書え(15)

---

(1) 第九代宇和島藩主・伊達宗徳(だてむねえ)、遠江守は七月十六日着阪、翌日上京し宗城がいる旧京都所司代屋敷に入った。
(2) 飛脚に託す書翰や書類。
(3) 宗城の私的な居間。
(4) 挨拶や用件で罷り出る。
(5) 目付、虎之間、百三十石『由緒下』三七〇頁)。
(6) 萩藩主・毛利敬親(もうりたかちか)。宗徳の前室、孝(たか)の兄弟。
(7) 金毘羅大権現(金光院)宮司、廃仏毀釈を上手くかわした。
(8) 宗紀八女、節姫が嫁した飯野藩主・保科弾正正益(ほしなだんじょうまさあり)。
(9) 自筆書翰。
(10) 津藩主・藤堂高猷(とうどうたかゆき)か。
(11) 魚の種類が色々。
(12) 宗城。
(13) 太政官日誌、後の官報にあたる。

印を押候故しかられ候、尤
佐竹方にてしかり候事
一夜食二ツ
一茶菓子給《食ベル》(1)
一入湯致
一七ツ半時、供揃ニて柳原(2)へ参《参ル》、
馬也
一途中、兵隊二大隊程通《通ル》、
道一ぱいなり
一柳原(3)え参《参ル》、初て対面、お初(4)
ニも勇間敷《イサマシク》、久々振ニ対面、大
ニあいそふ《愛想》もよくなり見
違候
一柳原弟藤谷(5)とか申公家
衆、被参居候《参ラレ居リ》
一お初部屋へ一寸参
一柳原娘両人逢
一坊城(6)被参、はかま羽織ニて
平人ニかハる事なし、髪
はいわへ《結ワエ》下へばかり(7)、まけ《髷》なし
一結城筑後守(8)参、図書(9)、孫之丞(10)出《出ル》
一柳原御家来両人、老女両
人、盃遣《盃遣ス》
一三味せん弾《ヒク》人出《人出ル》○三人一人江戸のまね○小供おどりおどる
一結城と図書ハ先へ下《サガ》る
一にぎ〳〵(11)敷《シク》酒宴
一九ツ半過帰る、途中歩
行
一八ツ頃帰り直ニ寐
同廿三日陰
一例刻目覚
一朝飯二ツ
一御休息へ出
一五ツ半頃(12)御一所《ママ》(13)、調練場(14)
え参
一今日ハ護良親王《モリナガ》おまつ
り(15)有之御拝致

---

(14) 出羽秋田城主・佐竹義堯（さたけよしたか）。宗徳の現室、佳（よし）の実家。
(15) 十太夫は家老、大之進は用人、共に白石列藩会議に出席（『戊戦』九九頁）。

(1)「食べる、飲む」の謙譲語。
(2) 公家、柳原前光へ宗城の次女、初姫が嫁いだ。
(3) 柳原前光、東征大総督参謀（『補任』七三頁）。宗城二女、初姫の夫。
(4) 宗城次女、初姫。
(5) 公家、藤谷為寛（ふじがやつためちか）か。
(6) 公家、坊城俊章（ぼうじょうとしあや）。
(7) 垂らし。
(8) 結城秀伴（ゆうきひでとも）、筑後守。蔵人所衆、曇華院宮家司。
(9) 家老、松根図書（まつねずしょ）、宗城第一の謀臣。結

【史料】伊達宗徳公在京日記

一公家衆数々被参候、装束[16]
も有、まち立[17]もあり、色々也

一諸藩兵隊代る〳〵勝手ニ
致調れん《調練致シ》、致拝礼《拝礼致シ》いたし《ママ》、
帰る

一今日徴《志よふ》兵ニ大隊出[18]《デル》、坊城、久我[19]
大隊指令、久我ハ直ニ帰候

一大隊号令坊城より致候、立派
ニ出来る

一馬ハ赤尾、借候事

一今日逢《逢イ》、名を承り候公家衆、
久我、大原[20]、五条[21]、穂波[22]、おたに[23]、
其外ニも多人数逢候得共
各《オノオノ》不知

一大隊一度相済候と帰

一九ツ半[24]頃帰宿

一弁当給《食ベル》

一佐々木貞庵[25]此間江戸より
参候趣、屋敷ニ居、徳川家の
人ニ相成居候て、此節浪人同
様、今日ニ困りて帰《帰参》さんを願候
得共、兎角よくふかく《欲深ク》、皆々
悪《ニクミ》候、当地へ登かけ横[26]《横浜》ハま
にて小松帯刀ニ逢候処、
天朝之御人ニかかへ《抱ヘ》度様
申候趣、夫故《ソレユエ》、又此頃ハよき御
あてかい《宛行》にて、
天朝の御かかへを望候様子

一忠千代[27]度々参、菓進る

一茶菓子給

一本見る

一七ツ半過御退出[28]

一御休息[29]へ出

一入湯致

一保科被参

一客坐敷ニて対面、被色々咄《色々話サレル》

一於節[30]ハ上総[31]《カズサニ》被居候よし

一入相[32]《イリアイ》頃より御休息へ通る

城筑後とは永年の関係。
（10）金子孫之丞、虎之間、八十石。
（11）夜中の一時。
（12）午前九時。
（13）宗城と一緒に。
（14）徴兵や各藩兵のための調練場、荒神橋東にあった（二〇頁記事、五一頁注（12）参照）。
（15）王政復古にあたり建武親政の護良親王を顕彰した（「乙90触達控」七月記事）。
（16）正装。
（17）襠《マチ》高袴（乗馬袴）か。
（18）藩によって数は異なるが、宗城は一大隊が五～八百人位と考えていたようだ（『御日記③』五月十九日、七月二十八日記事）。
（19）公家、久我通久（こがみちつね）。
（20）公家、大原重徳（おおはらしげとみ）か、その子重実（しげみ）または重朝（しげとも）。
（21）公家、五条為栄（ごじょ

一御酒上ル
一三浦静馬出《デル》(1)
一保科色々りくつろん《理屈論》
出、余程よく御しゃべり被
成候
一四ツ頃被帰候事(2)
一直ニ出坐(3)、夜食給《たべ》る、無間寝《マモナクネル》
一保科近日出立ニて、摂州領
分(4)へ被参候よし
同廿四日晴
一例刻目覚
一髪結
一朝飯二ツ
一御休息へ出
一五ツ半頃より、所々廻勤(5)いたす
一今日廻勤十けん《軒》也
一長州(6)え参《マイル》
一一寸御逢申度旨、申述候処、
御逢被申候間、少々控被
下度よし、申出
一間もなく、大膳大夫被出《デラレ》(7)、逢《アウ》、
外《ホカ》の席へ案内
一茶菓子出、色々咄《話ス》
一無程《程ナク》帰る
一正九ツ時帰宿(8)
一昼飯二ツ
一本見る
一少々眠
一七ツ半前御帰
一入湯致
一若狭守被参《参ラル》(9)、昨日隠居、家督済《スム》
一肴到来、半分ハくさり居候
一鍗之助(10)被参、鯉到来、大
鯉二本也
一夜食三ツ程
一若狭守、鍗之助、居間へ通シ、
逢候、色々咄
一入相頃御休息へ通る

うためしげ)。
(22)公家、穂波経度(ほなみつねのり)。
(23)大谷か。
(24)午後一時。
(25)元宇和島藩医。『由緒下』三八九頁に小記事があるが詳細不明。蕃書調所、京都兵学校、大阪平学寮で数学を教授か(http://plaza.rakuten.co.jp/zeroalpha/2000/)。
(26)上京途上。
(27)宗城五男、後の滝脇信広(たきわきのぶひろ)。
(28)午後五時過ぎ宗城が朝廷から退出した。
(29)宗城の私室。
(30)宗紀八女、保科弾正正室。
(31)飯野領は上総。
(32)日没。

(1)目付、虎之間、百石(『由緒下』三九一頁)。
(2)宗城が朝廷から夜十時に

【史料】伊達宗徳公在京日記

一庭え参
一涼台ニて暫時すゝむ
一六ツ過より御酒上《アガル》る(11)
一九太夫(12)、孫之丞出、色々咄
一四ツ頃、若狭守、鍗之助、被帰《帰ラル》
一直ニ出坐、寝
同廿五日陰昼後雨
一五ツ頃目覚
一今日暁、地震相応つよし
障子をあけ候位也
一朝飯二ツ
一老若出(13)
一診泰庵《泰庵診ル》、平和(14)
一人々代る〱出
一図書、用有《用アリ》(15)
一今日
大屋形様(16)、御供御人けんじ《減ジ》
にて、多人数奥(17)表(18)ニて帰る(19)
一御休息へ出

一四ツ頃御　参内
一漂流記《ひょふりゅうき》見る
一昼飯三ツ
一昨日出雲(20)始着坂のよし
申来
一真田(21)より、樽肴目六(22)到来
一諸々より、肴を歓ニ到来の
処、多分けんじ《ママ》(23)かかりニて
閉口致ス、目六ニて到来、一番
よろしく候
一当地も江戸うなき、江戸
すし数々有、うなぎハ大
はやりと見へ、所々に有之
一当地ハ、あひるハけつこ《結構》ふなり(24)
一田手次郎太夫《タデジロウダユウ》(25) 大坂より着致
一逢色々咄
一アメリカ人大坂より当御地へ、一昨
か参《参リ》、何か応接(26)有之、屋
敷え参る、前体(27)沙汰なし

帰館。
(3) この日記で「出坐」とあるのは、食事や就寝など私的な部屋に出ること。
(4) 摂津に飯野藩飛地があった。
(5) 挨拶回り。
(6) 長州藩邸は河原町御池。
(7) 萩藩主・毛利敬親（もうりたかちか）、この時官位は左近衛権中将（『人名』）。
(8) 正午。
(9) 前伊予吉田藩主・伊達宗孝（だてむねみち）。
(10) 宗城甥、山口鍗之助、宗敬（やまぐちていのすけ、むねよし）が宗孝の養嗣子（『叢書⑤』巻末系図）。
(11) 宗城が。
(12) 宇都宮九太夫（うつのみやきゅうだゆう）、虎之間、威遠流砲術に関係（『由緒下』三〇七頁）。
(13) 家老と若年寄。
(14) 泰庵が診察して病がない。

ニハ不被参《参ラレザル》条約也(1)、今夕大坂
迄連《ツレ》かへす
一右応接、南貞介(2)、通シ《詞》
佐藤憐太郎参《参ル》
一七ツ半前、御退出
一御休息へ一寸出、無間、出坐
一夜食三ツ
一入湯 致《イタス》
一暮過、御休息え出
一御酒上《アガ》ル
一次郎太夫、九太夫出《出ル》
一四ツ過頃下《下ガル》
一直ニ寝
同廿六日
一例刻目覚
一朝飯二ツ
一老若出
一諸役人追々、目見《メミエ》出
一髪結候事

一御休息え出
一初姫殿被参候、長尾供(3)ニて
出
一昼飯二ツ
一忠千代、度々参、菓子 遣《ツカワス》
一船山権之助(4)致上京逢色々
咄、出雲、五郎左衛門(5)弥三郎(6)抔も
着京之趣、未《マダ》不出
一徳弘五郎左衛門着出《出ル》、逢《逢イ》色々
咄致《致ス》
一加藤遠江守殿(7)より、鯉致到来《到来致ス》、二
尾也
一弥三郎着、 逢色々咄
一出雲内行(8)
一前大御二所様(9)より、御書頂《御書イタダキ》、難有
奉拝見候、御傳言も被成下、難
有奉存候
一次郎太夫出《出ル》、用有《用アリ》
一夜食二ツ

---

(15)「用」「御用」は重大な協議事項を意味している。
(16)宗城。
(17)宗城と宗徳の私的居室。
(18)公務をとる部屋。
(19)宇和島藩士の大量帰国が始まる。
(20)家老・桜田出雲（さくらだいずも）が仙台説得のため率兵上阪（「備忘筆記」）。
(21)宗城長男、松代藩主・真田幸民（さなだゆきもと）。
(22)目録。
(23)損じ。
(24)ここのアヒルは旨くてよい。
(25)御船手組、蒸気船々将支配、百二十二石八斗（『由緒下』三八四頁）。
(26)外国官知事・宗城への交渉事。
(27)前もって。

(1)修好通商条約では許可なしには大坂から京には出れない。

【史料】伊達宗徳公在京日記

一入湯致
一六ツ過、御休息え出
一御酒上る
一初姫殿(10)一席、ハん《飯》臺《台》
なり、しじゆう《始終》此頃ニてハん
臺ニて被召上(11)候、誰か参候も
同様なり
一長尾出
一ハン臺《飯台》之図左之通リ

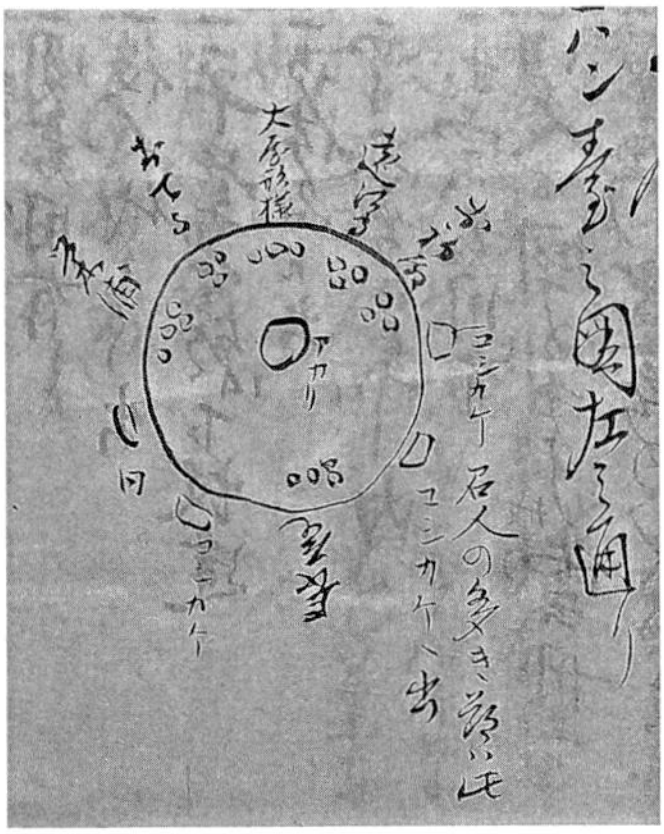

一おとり《踊リ》舞御側《そば》の人々いたす
まミへ《目見へ》の人(12)多《多ク》、白は《シラ歯》(13)もたくさん
居候、まき十九べつぴん、きく
是も相応十六、ミなしらは《皆白歯》
一ますとか申人、能《のふ》之まねを
致《致ス》、熊坂(14)を舞、
一お初殿より八丈縞(15)、二反到《至ル》(16)、是者《コレハ》
国出立の節分、可上《タテマツルベキ》之処、間
ニ合兼《合イカネ》候間、今日被進《進ゼラレ》候旨、長尾
より申述る
一四ツ半頃(17)初姫殿被帰
一同刻出坐寐
同廿七日陰
一例刻目覚
一朝飯二ツ
一老若(18)、目見《メミエ》
一図書用有
一役人代る〲出
一平学(19)今朝下坂逢
一御休息え出
一四ツ半前、御参　内

(2) 南貞介（みなみさだすけ）、外国官権判事（『御日記③』三頁注（3））。
(3) 宇和島が付けたお女中。
(4) 船山権之助（ふなやまごんのすけ）、虎之間、六十五石八斗（『由緒下』三三二頁）。
(5) 徳弘五郎左衛門（とくひろごろうざえもん）。文久二年より経丸御付頭。中老、家老格を出した家（『由緒下』五四頁、三五五頁）。
(6) 桧垣弥三郎（ひがきやさぶろう）、虎之間、二百石（『由緒上』三〇六頁）。
(7) 伊予大洲藩主・加藤遠江守泰秋（かとうとうとうみのかみやすあき）。
(8) 桜田出雲がこの日図書と協議の後、宗城・宗徳へ出て仙台への率兵説得を迫った。結論出ず（「備忘筆記」七月二十五・六日記事）。
(9) 前々藩主、宗紀（むねただ）

一出雲出、用有
一同人より国のゆず、越前雲丹《ウニ》上ル
一與左衛門(1)当春のいくさ(2)はなし
致《致ス》、色々不思義《ママ》の事有之《コレアル》よし
一小野兵部小輔より蒸菓子
到来是人ハ秀(3)の兄也
一昼飯四ツシャンパン給《飲ム》
一西洋たひあんない(4)と云本見る
一忠千代参
一菓子茶給《飲ム》、今朝小野より到
来之蒸菓子也
一当地ハおいしきものなし、
先《マズ》一《一》バん《番》あひる、二ばんうな
ぎ、三ばん川うを《魚》、菓子
也
一七ツ時御帰
一御休息へ出
一無間出坐
一入湯致

一夜食二ツ
一昼後《ヒルアト》、用なきせつ《節》ハたいく
つ也
一次郎太夫、明朝下坂一寸逢
一飛脚 認《シタタム》
一五ツ前御休息え出
一同刻過より御酒上
一梶田宮門(5)出
一四ツ過出坐、直ニ寐
七月廿八日
一例刻目覚
一朝飯二ツ
一飛脚認
一出雲用有《ヨウアリ》、今朝大坂え下る(6)
一老若諸役人出《デル》
一五郎左衛門出《デテ》、色々奥州方咄《ハナス》
一東行も 弥《イヨイヨ》 陸路を江戸迄、
先 参 候《サキニマイリソウロウ》処ニ、内々決定 致《イタス》(7)
一江戸へ参、其上奥州之模

とその室、観（みよ）姫（宗徳生母）。
(10) 宗城次女。柳原前光に嫁す。
(11) 宗城は椅子付きのテーブルで食事や饗応。
(12) 参加者。
(13) 白歯、お歯黒をしていない未婚の女性。
(14) 熊坂長範をテーマとする能。
(15) 八丈島製の絹の縞織物。
(16) 布帛の単位、大人の着物一人分。
(17) 午後十一時。
(18) 家老と若年寄が出勤。
(19) 杉山平学、虎之間、家督は十五人分(『由緒下』一九五頁)。

(1) 加藤与左衛門、虎之間、百二十二石八斗、御小姓頭（『由緒下』）八六、三六九頁)。
(2) 鳥羽伏見戦争。
(3) 宗徳側室、九月四日四男、武四郎を生む（五六頁)。
(4) 福沢諭吉の『西洋旅案内』

様次第、彼方へ参　積《マイルツモリ》(8)
一先《マズ》来月三日出立之含ニ
て候得共、少々延候歟《カ》も不《知レ》
知《ズ》
一鯉料理為致見《イタサセミル》、さし
ミ也、料理人福井良右衛門、
大ニ手のかゝり候
もの也、たへる《食ベル》処正身三ケ
一程(9)也
一昼飯四盛
一本見る
一少々眠
一七ツ過御帰(10)
一御休息江出
一図書出
一奥州ハ定て六ケ敷様子(11)ニ
聞候
一夜食三ツ
一太田盛(12)と申奥州之人
参、逢候極密ニ参候、色々
わけ有、実ニ　朝敵と相
成(13)恐入候、無是非《是非ナキ事ニ》事候
一五ツ前御休息え出
一御酒上ル
一図書、但馬(14)出
一四ツ半頃下る
一直ニ寐
同廿九日晴
一例刻目覚
一朝飯二ツ
一御休息え出
一老若御目見ニ出
一五ツ半頃出坐
一四ツ頃御参　内
一昼飯二ツ
一少々眠
一西洋旅案内(15)と申本見
一山下開雲出逢色々咄

か。
(5) 虎之間、御鉄砲頭（『由緒下』三六九頁）。
(6) 宗城か、宗徳の仙台行きが決定するまで大阪で待機（「備忘筆記」二十八日記事）。
(7) 仙台藩説得には宗徳が兵隊より先に出るよう内決。
(8) 宗徳がまず江戸へ出て情報を探ってから仙台へ出張。
(9) 食べれたのは三分の一。
(10) 宗城が。
(11) 秋田で仙台使節が惨殺される一方、長岡城が奥羽越同盟軍に奪取され、混戦状態。
(12) 仙台藩目付役、同盟軍の建白書を持って米沢藩の宮島誠一郎と入京（『仙戊戦』二五二－二五三頁）。最初に出雲を大阪に尋ねている（「備忘筆記」七月二十四日記事）。
(13) 仙台藩が。
(14) 宗城の命で国元へ仙台出兵を要請した須藤段右衛

一菓子茶遣《遣ス》
一明日ハ朔日、(1)衣冠差貫《サシヌキ》(2)
ニて参　内可致旨、伺 書《ウカガイショ》
ニ御付紙ニて、御沙汰有レ
之候事
一成田五郎七、宍戸平六(3)大
坂より着《着ク》、逢《逢イ》色々咄《話ス》、無
間下《サガル》
一七ツ前夜食三ツ
一同刻御帰館(4)
一御休息え出
一図書出《出ル》
一入湯　致《イタス》
一佐竹家来高久祐助(5)
と申人、今朝致上京出《上京致シ出ル》、
右人の咄
○秋田先月中、度々會
津、仙臺様の使者度々《ママ》
参《参リ》、征討将軍の公家
衆(6)を帰京為致《イタサセ》、薩長
人数(7)渡し候様しばく
掛合ニ相成、無致方《致方ナク》、仙臺會
津を始使者七人の首を
切(8)ごく《獄》門《門》ニかけ候、夫より
佐竹一国皆必死之覚
悟ニ相成、所々口々を固め、
過十二《スグル十二日》より戦争相始、會津
大将柳輪播磨《やなわはりま》(9)五十嵐岱助《いがらしたいすけ》(10)
之首とり候よし、且又末家
佐竹播磨守(11)家来定
府(12)之面々十七人程、国え
下りかけ候所、仙臺の人数
ニて召捕《とら》へ、なわ打ニして仙臺
え連可参《ツレマイルベキ》処、右戦争仙臺
勢はいほく《敗北》いたし、召とらへ
られ候人其まゝすて置に
け候(13)故、皆々佐竹人数の方
へ、なわ付のまゝにけ《逃げ》込候

門、百二十二石八斗（『由緒下』一九六―一九七頁）。
（15）福沢諭吉著、慶応三年初刊。

（1）旧暦八月一日には贈り物をして祝う。
（2）冠をかぶり、袍《ほう》（上着）を着て、指貫《さしぬき》（袴）を履いた朝儀での略装。
（3）共に虎之間士（『由緒下』三七三―三七六と三四一頁）。
（4）宗城が朝廷から。
（5）佐竹藩勘定奉行、京都留守居兼帯、七月十二日秋田港を発途（『秋田戦』一九一頁）。
（6）七月一日、奥羽鎮撫総督・九条道孝（くじょうみちたか）と副総督・澤為量（さわためかず）、参謀・醍醐忠敬（だいごただゆき）が秋田で合流。
（7）薩長の司令官や兵隊など。
（8）十一人の仙台使者中六人が殺害された（『戊戦』一四四―一四五頁）。秋田史料による

よし、うんよ《運》く皆々無難
ニ帰り候趣咄《話ス》、未《マダ》佐竹もい
くさニなれ《慣レ》ず、槍刀之方
多きよしなり
一六ツ半頃同人下る
一右同人咄ニ、実ニ秋田一国独
立のすがた《姿》にて、応援《ゑん》の兵不
参候て、とても六ツケ敷と日夜
心配、てき《敵》ハ四方八方へまハり
居候て、一日も加勢人数不参候
て不相成《相成ラズ》、大心配之処、船中ニ
て、(14)しよふきせん《蒸気船》一艘煙
を立、秋田方へ参候ニ付、定《サダメ》て
おうゑん《応援》之人数なるべし
と、少しハ力を得候よし
一五ツ前より御酒上ル《アガル》
一九太夫出《デル》
一孫之丞も跡出《後デ出テ》、御残の御
酒頂《イタダク》

一四ツ前頃下《サガリ》、直ニ寝
八月朔日雨
一六ツ半頃目覚
一朝飯三ツ診天珉《天珉診ル》(15)
一御休息え出
一無間《マモナク》出坐
一八朔日(16)ニ付衣冠(17)ニて参
内
一つる《鶴》の内(18)え出仕
一紀州(19)始、大名中皆同席
一三ケ二(20)ハ、初て逢候位、存居候
人も十年余にて逢候故、
初て同様の人も有之、四
十余の人ハ格別かわり
不申候
一今日ハ御休日ニて辯事え
ゑ《誂》つしも無之《コレナキ》よし、当
日之御祝も御使番迄
申上、直ニ退出ニて宜敷

新視点の提示も参照（『秋田戦』一三三—一八四頁）。
(9) 梁川播磨（やながわはりま）、金山戦争での会津軍隊長。
(10) 会津軍副将。
(11) 秋田新田藩主・佐竹義諶（さたけよしみち、よしつな）。
(12) 江戸藩邸常勤。
(13) 仙台兵は秋田の捕虜を捨てて逃げた。
(14) 秋田からの船中で。
(15) 布（後に志賀）清恭。宇和島で村田蔵六に師事。維新後軍事医療医官、長野上田病院長。
(16) 八月一日には贈り物を交わす習い。
(17) 前頁注（2）参照。
(18) 清涼殿に続く諸侯の控の間。
(19) 紀州藩主・徳川茂承（とくがわもちつぐ）。
(20) 三分の二。

旨也
一大屋形様一寸被遊御出《オ出遊バサレ》、
今日は
龍顔(1)も無之《コレナク》、当番之
者ハ、拝味(2)等有之趣被仰《コレアルオモムキオオセキカ》
聞《サレ》、右ニ付勝手ニ退散致《致シテ》
宜敷《ヨロシキ》旨ニ付、供申置
一小野兵部少輔逢《ニ逢ウ》
一久我(3)越後方へ出陣と
か申事ニて、薩州
兵隊引連参(4)　内
一四ツ半頃退散
一大宮御所(5)へ出
一当日御祝も申上ル、留置《トメオキ》
申上候よし
一直ニ退出
一九ツ前帰館
一髪直し
一食事四ツ程

一八ツ時前御退出(6)
一御休息え出
一無間、出座(7)
一御参内《マヽ》前後、日々の様
諸藩之人出(8)、今日も瓜生三ゑん(9)
とか申人出《出ル》
一今日雨ニてうとふ《鬱陶》しく、昼後《ご》
寐する
一森本内蔵之助(10)より東行ニ付、
守《マモリ》(11)上ル《タテマツル》、並《ナラビニ》鯉二尾上ル
一茶菓子給《食ベル》
一七ツ半過、夜食二ツ
一入湯致
一暮過御休息え出
一御酒上ル
一与左衛門、静馬出(12)
一五ツ半頃下る
一直ニ寐
同二日雨

---

(1) 天皇への拝謁。
(2) 食事を賜る。
(3) 公家、久我道久。東北遊撃軍将として会津征討越後口総督・仁和寺宮を援けた（『御日記③』八七、九四頁）。
(4) 久我軍は肥後藩兵が主軸だったようだ（『御日記③』九四頁）。大山柏の久我軍評価は低い（『戊役史』五九五頁）
(5) 皇太后の御所。
(6) 宗城が御所を退出。
(7) 出坐は御用場などへ出ることだが、ここでは公私が画然とは分かれていない。
(8) 宗城のところへ諸藩人が来る。
(9) 福井藩英学教授・瓜生三寅（さんいん）（福井県文書館資料叢書9『福井藩士履歴Ⅰ』二六七頁）。
(10) 石清水八幡宮主典（京都府立大学学術報告「人文」第六七号一三五頁）。

【史料】伊達宗徳公在京日記

一例刻目覚
一朝飯二ツ
一診泰庵《泰庵診ル》、老若目見、役人出
一四ツ前御参　内かけ《掛ケ》岩倉卿
え御出(13)、夫《ソレ》より御参　内
一昼飯四ツ
一シャンパン給《呑ム》
一八ツ頃昼寝、七ツ前起る
一茶菓子給《食ベル》
一夜食三ツ
一入湯致、少々地しん《震》する
一六ツ半前頃御退散、御帰掛《オ帰リ掛ケ》
岩倉へ御立寄ニ相成候よし(14)
一御休息へ出
一御酒上ル
一平六被為召《メサセラレ》候
一五《いつ》ツ半前、出坐直ニ寐
同三日雨
一六ツ半過目覚
一朝飯二ツ
一御休息え出
一老若始代る〳〵御用ニて
出
一四ツ半前頃御参　内
一本見《ホンミル》
一段々永逗留相成、たいくつ
ニ存候(15)、別して雨ふり候と他
行(16)も不出《出ズ》候、未《マダ》一度遠乗
ニ参候斗《参リ候バカリ》也、奥州方の事
も未志かと《未ダシカト》いつ《何時》と申事
もわからす候(17)
一昼飯五ツ
一茶給《呑ム》
一少々眠
一本見る、小姓抔《ナド》色々咄致《話致ス》
一御所より御呼出し有之候
事
一入湯致

（11）八幡神のお守りか。
（12）遠藤静馬、虎之間士（『由緒下』三四六―三四七頁）か、または三浦静馬（六頁注（1））。
（13）宗城が参内の前に岩倉卿に会った。
（14）この日に宇和島藩の越後口出兵について話し合ったと思われる（『御日記③』仲秋初四記事、九五頁）。
（15）越後出兵を耳にして退屈とは。
（16）外出。
（17）越後出兵の日限も決定していない。

一入相頃⑴、御退出
一仙臺弥《イヨイヨ》逆賊ニ付、被止官《官位トメ》位《ラレ》、征伐被　仰付候事⑵
一御書付被仰渡《オオセワタサレ》、当家より仙臺へ達し候様⑶
一右ニ付、此方ニて説得東行ニは不及旨《及バザルムネ》被仰出《仰セイダサレ》候⑷
一御休息へ出、無間出坐
一夜食ニツ
一用場⑸へ出席、色々取調用有
一仙臺弥逆賊と相成候ニ付、最早義絶致《致シ》、且又《カツマタ》、越後長岡賊兵、愈《イヨイヨ》盛《サカン》ニ相成、長おか《長岡》城七月廿五日賊兵取返し候よし、薩州長州の人数大敗北のよし也
一右ニ付何等⑹少人数人《ママ》なから、御用相勤させ度旨相願候心得、内々手びきも有之ニ付⑺、只今より大坂の兵隊蒸気船ニて越後へ発向之都合申遣⑻、当地よりも三浦静馬、宍戸平六等下坂、明夜頃乗船之事
一六ツ半頃用場より帰る
一五ツ頃御休息え出
一同刻過より御酒上ル
一弥三郎出
一色々越後戦争之御咄伺⑼、さつしう《薩州》人三人昨日長岡より大早ニて帰候よし、其人のはなし越後の敵も余程いくさ上手ニ相成、さつ《薩》長勢の城ニ不意を被レ打候様子也
一四ツ過下る
同四日雨

（1）日の暮れ。
（2）朝議が仙台藩主・伊達慶邦の官位（正四位下・陸奥守）を剥奪し、官軍による仙台藩征討を決定。
（3）宗徳東下説得の代わりに討伐の朝命を仙台に伝達する義務が出来た（『復古記巻百十四』八六頁）。
（4）「乙94―1―3録達仰出留」八月三日記事。
（5）公務を執り行う場所。仙台への使節派遣と越後口出兵に関する事務をとったか。
（6）いささかでも。
（7）秋田藩の協力を期待しているのか。
（8）この前後に宗城と岩倉が話し合い越後出兵を決定（『御日記③』九五頁）。
（9）宗城から宗徳らが。
（10）同族。
（11）謹慎伺。
（12）宗城の待罪書は「仙臺一

一例刻目覚
一朝飯三ツ
一老若目見
一諸役人出
一四ツ半過、御休息へ出
一昨日、仙臺御沙汰之趣有
之、同姓(10)ニ付差控伺出《出ス》(11)、
大屋形様ニも同断(12)ニ付、今日
御不参《ゴフサン》
一右ニ付、関東方、何等御用も有
之候得ハ出馬も仕度処、此度
ハわづかの人数外連不申《ホカ連レ申サザル》
故、大坂迄召連候兵隊百
五十人程(13)、越後口へ発向為
致度旨伺差出(14)、同姓戦
争ハ、兼て内々御断之義
ハ被仰立有之趣《仰セ立テラレコレアルオモムキ》也
一九ツ過出坐
一昼飯三ツ

一絵図(15)見る
一右絵図見居候処、足之所ニ
てごそ〳〵と申候ニ付、見候得ハ、
何も不居《オラズ》、能〳〵《ヨクヨク》伺候得ハ、
はり居之中ニ、何か居候
ニ付、直ニ小柄をぬきつき《突キ》候
処、いたち《鼬》の聲ニてなき候
間、小姓を呼、小柄《コヅカ》やきり《錐》
ニて、突とふし《通シ》、つきころし
候、其さいごべ《最後屁》のくさき事
たとへがたし、一時の慰ニ
相成候事
一あとにほひ《臭い》くさく黒
ほ(16)ふたく
一ひる寝する
一今日ハ御さしひかへ御伺(17)ニ
付、御不参(18)、私も同断
伺候、仙臺同姓ニ付て
なり

件取扱遷延ニ付待罪書」（「甲28
待罪書」）、「伊達宗城伺書　辯
事宛　指令アリ」（「大維稿」
四百六十二）。宗徳のものは見
つからない。
(13) ここで初めて兵隊数に言及。「備忘筆記」七月十三日には「士分三分隊第一中隊二分隊」とある。
(14) 大阪在桜田出雲が取締役で大阪の兵隊を越後に出兵と決まり、東北遊撃軍将・久我通久に接触（「備忘筆記」八月四日）。
(15) 東北戦争関連の絵図か。
(16) 黒方（くろぼう）、薫香の一種。
(17) 謹慎伺を出した。
(18) 宗城が。

一茶菓子給
一五郎左衛門出、色々咄
一火の見へ上る
一入湯致
一夜食二ツ
一入相頃、御休息へ出
一御庭御歩行、御供致ス
一図書同断(1)
一六ツ頃御帰、御酒上ル
一図書色々御咄申上ル
一五郎左衛門同断
一六ツ半頃頼母(2)　御所より帰、差
控伺ニ不及旨、御附紙ニて
御渡し相成(3)
一頼母《頼母ニ》御酒被下《クダサレ》、色々咄
一四ツ頃下《サガル》、今夜ハ相応大
酔、国出立後始て位
之事
一無間、寝《寝ル》

同五日曇
一例刻目覚
一朝飯二ツ

慶應四辰八月五日
八月五日雨(4)
一例刻目覚
一朝飯二ツ
一診泰庵
一諸役人出
一飛脚認仕舞《シタタメシマイ》、下《サゲル》る(5)
一四ツ前御休息え出
一同刻過御参　内(6)
一本見る
一昼飯四ツ
一小姓色々咄致
一雨ふり候と別してたいく
つ、昼寝致ス
一七ツ過御帰り
一御休息へ出

（1）宗城、宗徳、図書が庭を散歩しながら越後出兵について話し合ったか。
（2）家老、志賀頼母、図書弟。
（3）謹慎伺書にその必要なしとの付箋が付いて下げられた。政府の記録にも「進退伺ニ不及候事」とある（「大維稿」四百六十二）。
（4）帳を替えたので一部重複。
（5）手紙を書き終えて飛脚係に渡させた。
（6）差控に及ばずとなり、宗城は朝廷へ出た。

【史料】伊達宗徳公在京日記

一夜食三ツ
一入湯致
一絵図なと見
一六ツ過御休息へ出
一御酒上ル
一図書出色々御咄申上ル
一四ツ半頃下《サガル》る、今夜ハ出立後
始て之大酔也
一直ニ寝
同六日
一例刻目覚
一朝飯二ツ
一老若出《出ル》、諸役人同断
一診順庵《順庵診ル》、平和申出
一髪結候事
一御休息へ出
一四ツ半頃出坐
一日誌見る
一昼飯四ツ

一今日九ツ時、供揃ニて加茂
辺へ遠乗ニ参候《参リ候》旨申出《申シ出ル》
一九ツ過より遠乗ニ参
一北野天神へ参、りっパ《立派》の社
也
一夫《ソレ》より馬ニのり上賀茂へ参、社
内廻り見物、是又風《フウ》のち
がい(7)候もの也、かざりもな
くさつパり致候者也
一夫より下加茂へ参
一途(8)、加茂川中洲《ナカス》有之《コレアル》
処ニて、坊城被参向《サンコウサレ》(9)下馬ニ付
此方ニも下馬致《下馬致ス》、一寸挨拶
致候、加茂より参詣之由也
一川端乗切(10)ニて下加茂へ
参
一上加茂《上賀茂ト》も同様
一一寸茶屋へ休《ヤスム》
一いくつも茶屋有レ之、脇の

(7) 北野とは様子が違う。
(8) 途中。
(9) 参拝され。
(10) 途中下馬をせず。

茶《茶屋》ニ若き士《サムライ》壱人居候所、けいこ《稽古》あとより参、供の者などよく見へ候故、士ハはづかしく《恥ズカシク》候か、かべ《壁》のかげへかくれるお(1)かしく候事

一無程《ホドナク》、同所立《立ツ》

一加茂川筋より荒神口橋をわたる、此処調練場ニ(2)当時(3)相成、夫より川端を通《通リ》、二条三条橋脇より、知おん《恩》いん《院》前、ぎおん《祇園》丁《まち》ミヤ《宮》川丁、五条はし《橋》わたる、寺町通《ヲ通リ》、三条通《ヲ通リ》、堀川二条屋敷へ(4)七ツ半過帰《帰ル》

一入湯致

一夜食二ツ

一暮頃御休息へ出

一五郎左衛門、鑛之助(5)出

一鑛之助明日奥州へ(6)、天庭より御渡御書付持参、使者ニ参《参ル》、五ツ半頃下る

一直ニ寝

同七日晴曇

一例刻目覚

一朝飯二ツ

一老若始、追々目見出

一四ツ前御休息へ出

一同刻頃御参　内

一刀手入致(7)

一絵図見る、明日は嵐山辺へ可参《参ル可シ》と存候

一兎角天気不定、時々雨ふる、今日ハ日あたり、雨ふる

一昼飯二ツ

一本見る

一昼寝いたす

一七ツ前起《起キル》

---

(1) 稽古着のままの粗末な格好なので、立派な供侍に遠慮して隠れた。

(2) 新政府の軍事演習場。五頁注(14)参照。

(3) 今は。

(4) 二条城北側にあった旧所司代屋敷。

(5) 小姓頭・冨田鑛之助、虎之間、二百石(『由緒下』三五六頁)。勅書を届ける桜田出雲の先遣として七日に仙台藩へ出立。

(6) 御近習・冨田鑛之助は御長柄頭・玉田貞一郎、平士・市村鐙次郎と共に九月九日に入仙(『仙戊史』七四五―七五七頁、「大維稿」九月九日記事、『戊紀事』二二五―二二七頁)。

(7) いよいよ出陣の心得。

一同刻、御退出
一御休息へ出
一御庭廻る
一忠千代も庭居候
一七ツ過出坐
一夜食四ツ
一大坂え残置候小姓七人、今日着、目見《マミエ》申付
一入湯致
一本見る
一六ツ半頃御休息え出
一御酒上る
一誠一郎、宮門出
一五郎左衛門一寸御用ニて出、直《スグ》ニ下《サガ》る
一五ツ半過下る直ニ寐
同八日晴
一例刻目覚
一朝飯二ツ
一役人追々出
一老若目見
一四ツ前御休息え出
一太政官日誌見(8)
一四ツ時御参　内
一昼飯二ツ
一桜田大助出《デテ》(9)、色々咄《話ス》
一四ツ半頃供揃ニて荒山《嵐山》辺え為歩行参《歩行シニ参ル》(10)、図書、頼母供申付
一八ツ頃嵐山へ参、風景よろし、深山之景色也
一茶屋へ休
一肴申付候処、何もなく、うなき有之趣の処、此所ニハなく脇より取寄、しハらく《暫ク》待《待チ》、よふ〱出来候処、誠ニふかけん《不加減》、料理も待不致位《待チ致サザル位》(11)、さん〱《散々》

(8) のちの官報。
(9) 虎之間、二百四十五石六斗（『由緒下』三八八頁）。外国判事試補－神奈川県在勤（「国立国会図書館デジタルコレクション－明治元年外国官関係略歴録」五〇頁）。
(10) 騎馬で行き、嵐山辺は散歩する。
(11) 待たない方が良かったくらい。

　の事
一少々酒用申《用イ申ス》
一べんとふ給《食ベル》
一七ツ頃立、小室(1)の辺廻り
浄心寺《志よふしんじ》(2)へ参、立派の大寺
　也、宿坊数々有之
一入相頃帰《帰ル》
一入湯致
一御休息へ出
一御酒上る
一図書出、色々御咄申上ル
一四ツ前下る、無間寝
同九日晴
一暁七ツ半頃目覚
一朝飯二ツ
一髪結
一七ツ時御供揃ニて(3)、六ツ過御
参　内、今日ハ加茂社へ
行幸被為在《アラセラレ》候

一六ツ半頃より、
　行幸拝シニ参(4)
一出町《デマチ》と申所、町家《マチヤ》萬屋嘉平
　と申処へ参
一しはらく往来の人通を
　見る
一暫、相間合《マアイ》有之　幸《行幸》に相
　成趣ニ付、店へうすべり(5)を
　敷、おがミ《拝ミ》ニ出
一羽織はかまの人、まち《街》の両
　かわを多人数通る、夫《ソレ》より騎
　馬松平讃岐守(6)御先乗《ゴセンジヨウ》、夫《マズ》
　公家衆、
　大屋形様(7)大蔵大輔(8)
　御鳳輦御あと公家衆、
　おさえの処へ、秋元但馬守(9)
　騎馬
一極御跡《ゴクオアト》より銃隊参《参ル》、四中
　隊程

(1) 御室。
(2) 妙心寺。
(3) 宗城が。
(4) 宗徳が。
(5) 畳表の敷物。
(6) 高松藩主・松平頼聰（まつだいらよりとし）。鳥羽伏見の敗者を先頭に立てた。
(7) 宗城。
(8) 松平慶永（まつだいらよしなが）、春嶽。
(9) 山稜副管・館林前藩主・秋元志朝（あきもとゆきとも）（『補任』二六二、三三四頁、『人名』一三―一四頁）。

【史料】伊達宗徳公在京日記

一相済帰る
一四ツ前帰館
一折から今日ハ天気もよろしく、
よき御都合なり
一小姓出、色々咄
一調練書見(10)
一昼寝致、余程よく寝《寝ル》、八ツ半
過目覚
一茶給《飲ミ》菓子も給《食ベル》
一忠千代参、直ニ帰、今朝も参
一国七月廿日立飛脚相達《達ス》、
御書(11)被成下《成シ下サレ》難有拝見、先《マズ》
以《モッテ》、倍《マスマス》御機嫌克《御機嫌良ク》被遊御座《御座遊バサレ》、
恐悦至極、難有奉雀躍《アリガタク雀躍タテマツリ》
候
一国元静寧、田畑作方も
相応宜敷旨、一段之事
満足致候、何卒漁事(12)
沢山有之候様、祈罷在《祈リマカリアリ》候

一昨日嵐山辺え《ママ》を歩
行致、見候処、此辺ハ稲作
あまり不宜《宜シカラズ》、志らほ《白穂》(13)多く
見へ候、雨勝《アメガチ》故と存候
一老若より、むく鳥舫《モヤイ》(14)ニて
献上めつらしく候
一飛脚通達見る
一入湯致
一夜食三ツ
一入相前御帰り
一御休息へ出
一色々今日之御咄伺候
一寸表(15)へ参、通達数《カズ》(16)見る
一御休息へ出、御酒上ル
一治左衛門、宮門出色々相咄
申上《申シ上ゲル》
一五ツ前下る直ニ寝
同十日曇折ニ雨
一例刻目覚

---

(10) 越後口出兵に備えて軍事調練を強化。
(11) 実父、先々代の宗紀公からの便り。
(12) 魚、寒天、あわびなどの海産物。
(13) 白化して実のない稲穂。
(14) 家老と若年寄がもやいで献上。
(15) 役所。
(16) 多数。

一朝飯二ツ
一老若目見
一諸役人追々出
一認物致《認メ物致ス》
一四ツ頃御休息へ出
一同刻過、御参　内
一披見物《被見もの》(1)　致《致ス》
一日本図(2)見る
一昼飯四ツ給
一弁事御役所(3)より、明十一日御用
之義有之候間、参
朝可仕旨御書付到来、巳の
刻(4)衣冠ニても、直垂(5)ニても宜
敷よし
一昼寝致、少々の間
一茶菓子給
一色々披見物いたす
一久世(6)より滞留中為見舞《見舞ノタメ》
蒸菓子到来

一小姓間出、色々咄致
一大坂西洋人の咄致《話致ス》、見世
物抔有之よし
一七ツ過、御帰り
一御休息へ出、無間出坐
一夜食五盛給
一入湯致
一六ツ過、御休息へ出
一御酒上ル
一図書出、色々御咄申上ル
一五ツ半時出坐、直ニ寝
同十一日
一六ツ過目覚
一朝飯三ツ
一髪結候事
一老若目見
一諸役人追々出
一徳弘五郎左衛門東行も止《ヤミ》ニ相
成、最早用向も無之ニ付帰国

---

(1) 見なければならない書類。
(2) 奥羽の地図を確認したか。
(3) 太政官の庶務課にあたる。
(4) 午前十時。
(5) ひたたれ。武士の正式な日常服。長袴をはけば礼装。
(6) 公家、久世通熙(くぜみちさと)、妻は鍋島治茂の娘。
(7) 庶子付頭取として宗敦に随従して戦乱の仙台へ入った。
(8) 仙台出張の際に戊辰戦争が起きたがうまく対応した。
(9) 仕事をする能力。
(10) どのみち。
(11) 宮中作法を習う。
(12) 尾張藩隠居・松平慶勝(まつだいらよしかつ)か、当主・義宜(よしのり)。
(13) 加賀藩主・前田慶寧(まえだよしやす)。
(14) 久留米藩主・有馬頼咸(ありまよりしげ)。八月十日から軍務官副知事仮摂(『補任』一四三頁)。

申付候処、是迄、庶子付《庶子ツキ》頭

取、此度奥州へ参候処、(7)折

柄国難之節ニ出合、進

退彼是《カレコレ》取計向も行届、(8)

且差働《サシハタラキ》(9)も有之人物、旁《カタガタ》(10)、此

度用人格申付《申シ付ケ》、若年《ワカトシ》

寄助勤申付《ヨリジョキン申シ付ク》

一四ツ前御休息へ出

一無間出

一衣冠着用、致参内《参内致ス》

一鶴の間へ相控《相控エル》

一九ツ頃習礼有之(11)

一今日ハ尾州(12)加州(13)有馬(14)松平

飛騨守(15)其外小藩数々

一弁当給、有馬うづらの焼

鳥風味よろし、国より

蒸気船ニて生し《生カシ》、取寄

候よしなり

一九ツ半過頃　御対面と申、

非蔵人(16)参

一小御所(17)御廊下へ揃、無間《間モナク》

龍顔拝《龍顔拝ミ》有之、尾州ハ一人、

跡ハ三人ツヽ御抜ゑん(18)

ニて、

御目見申上ル

一少々控居候様との事ニ付、控

居候処、徳大寺(19)被出《出ラレ》、左之通

り被申聞候、

父卿(20)ニも御国事御多端

之折柄御勉励、御参

朝ニて被遊　御満足候、(21)今日

御参ニ付、右之趣申聞候

様、

右御礼申上、最早退出致《致シ》

宜敷旨

一尾州、加州、拝領物有

之、拝見致

一右拝領物、御懐中御文

---

(15) 加賀支藩大聖寺（だいじょうじ）藩主・前田利鬯（まえだとしか）。

(16) 無位だが昇殿を許され、蔵人の下で宮中の雑用を司る人。

(17) 幕府の使者や所司代、有力諸侯と天皇の対面に用いられた御殿。

(18) 抜縁。貫縁。板敷の間。

(19) 徳大寺実則（とくだいじさねつね）、議政官上局議定（『補任』一三七頁）

(20) 外国知官事・宗城。

(21) 天皇が。

ちん《鎮》、御中けい(1)、御燈ろう、
つくり花置物など也
一夫《ソレ》より退出
一大宮御所へ出、初て
龍顔拝、并ニ
勅命(2)を蒙り候御礼、申
上る
一岩倉、弁事当番坊城(3)
へ同断廻きん(4)
一八ツ過帰館
一髪直ス
一御休息へ今日参　内の御咄
申上ル
一致出坐、夜食五ツ
一入湯
一認物致《認メ物致ス》
一徳弘五郎左衛門出、色々咄、同
人明日出立也
一暮頃御休息え出

一義太夫かたる、けいこ出、両人
也、一人ハすこくのきりよふ《器量》の
わるい《悪イ》の二御坐候、住江より五六段
わる《悪》し
一御酒上る
一図書、頼母、五郎左衛門出《出ル》
一義太夫(5)両人ニてかたる《語ル》、住江ニにて《似テ》
きりようのわるい方義太夫
よろしく候、きりよふ《器量》両人共たまらん
一八ツ頃下る直ニ寐
同十二日雨
一五ツ過目覚
一朝飯二ツ
一診順庵
一老若目見、諸役人追々出
一四ツ頃御休息へ出、同刻過御
参　内
一小姓抔出、代る〲咄致ス
一猪之助、平之助抔(6)、すハり《座リ》ぼう《棒》

---

(1) 中啓。僧侶や長老が用いた扇子の一種。
(2) 八月三日の宗徳に対する仙台出張停止命令と伊達陸奥守の止官ならびに討伐通告書の通達命令。
(3) 当番の弁事、坊城俊政(ぼうじょうとしまさ)(『補任』一四一頁)。
(4) 廻勤。
(5) 浄瑠璃の一派、義太夫節。
(6) 小姓か。

ねじ《捻》(7)致
一昼飯四ツ
一認物致
一昼寝致
一順庵ひねり、申付
一七ツ過目覚
一二宮和右衛門より、大松茸
上ル
一茶給
一七ツ半前、御退出
一御休息へ一寸出、無間出
一夜食三ツ
一認物致
一六ツ前御休息へ出、色々御咄
一図書出
一五ツ頃出坐、直ニ寝

慶應四辰八月十三日より

八月十三日晴陰

一例刻目覚
一朝飯二ツ
一老若目見、諸役人追々出
一診天民
一五ツ半過、御休息へ出
一同刻過、御参　内
一髪結候事
一太政官日誌見
一当地ハ松たけ沢山ニて、
やわらかく風味よろし、
近日取ニ可参哉《参ルベキヤ》と、存居候、
なわ張いたし、其内何
程と申あたい《値》を出《出シ》、為取《採ラセル》
よし、山科《山科ニ》沢山之趣
一昼飯四ツ
一今日八ツ頃より、近辺乗まハし(8)
参候旨申出
一少々眠る
一雨ふり出ス
一八ツ半過前より、晴模様相成

---

(7) 座って棒をねじる力比べの遊戯。
(8) 騎乗で。

候ニ付、出ぶれ《出触レ》為致《致サセ》候
一無間、供揃出門
一千本通りを南へ下る、島原
通ぬける、せまき処ニて、一向
りつパ《立派》の家も無之候、誠
ニ淋敷《サビシク》候
一夫より七条通り、五条橋手前
より、寺町通り、二条通り、
七ツ半前帰
一入湯致
一夜食三ツ、西洋酒少々給
一書物図面なと見
一六ツ半頃、酒用ゆ
一弥三郎、治左衛門、盃遣《盃遣ワス》
一大屋形様、今日は
御所より、被為召《召サセラレ》候ニて、御酒
御頂戴ニ付、寛々《ユルユル》五ツ半過
御帰り、能《ヨキ》御機嫌ニ被為在《アラセラレ》候
一直之進(1)、傳藏(2)盃遣
一四ツ頃寝
同十四日
一例刻目覚
一朝飯二ツ
一老若目見
一御休息へ出
一四ツ前出坐
一有馬(3)用向有之、被参《参ラレ》、
大屋形様御逢被遊《遊バサル》、暫《しはらく》御用
談相済、私出逢、暫時咄、直
ニ被帰候、同人一昨日軍防
副知官事被仰出候《仰セイダサレ候》
一四ツ半頃帰坐
一出雲、大坂へ残置候士分(4)、
兵隊(5)連着《連レ着ク》
一出雲逢、色々咄
一右近《ウコン》、小四郎同断
一西洋つけ物給

(1) 三浦直之進か(『由緒下』三九二頁)。
(2) 山上傳藏か(『由緒下』二四七―二四八頁)。
(3) 久留米藩主・有馬頼咸(よりしげ)。八月十日軍務官副知事仮摂(『補任』一四三頁)。
(4) 侍身分の戦闘員。
(5) いわゆる卒族。

【史料】伊達宗徳公在京日記

一大坂え残置候兵隊、追々上京ニて、屋敷内賑々敷《賑々シク》相成候

一昼飯三ツ

一色々咄致

一退屈故、小姓詰所辺へ参《参リ》、見る

一絵図見る

一十郎兵衛咄候ニは、昨日夕方他行致候処、柳馬場仏光寺辺ニて、女を四十ばかりの侍切候よし、十郎兵衛ハ少々へたゝり《隔タリ》居候ニ付、見不申由《見申サザル由》、何か女少々過言(6)申候由ニ候得共、女を切候ハよく〱の事、何ら気てもちかい(7)候哉と取沙汰致候よし、女ハ二十余《アマリ》の人ニて、にけ《逃ゲ》候を追かけ、最早にけられず、手をあわし候を、かを《顔》半分、手片手切られ候よし、女をきり候ハつまらん事也

一此間、猪之助、庄之助など《等》致他行(8)候所、白つゝぽ(9)着候人、ふくさ《袱紗》つゝみを持、少々酔候様子故、よけ居候処、向より態《わざ》とつきあたろふと致候故、よけ候処、又ありも致不申ニ《致シ申サズニ》(10)、どふぞと申候故、じっとかまへ居候処、ちときあしく《気悪シク》存候哉、早足ニにけ《逃ゲ》候よし、こちらがよハみ《弱味》を見せ候得ハ、弥《イヨイヨ》つのり可申と存候、右様の無法とかく有之よし、しかし余程静ニ相成候由也

一先頃、猪之助他行致候処、せまき道ニてよけ候事も出来ぬ処ニて、士刀《侍》のつか《柄》、そで《袖》へかゝり候処(11)、きびしくいかり《怒リ》ニて、

---

(6) 悪口など。
(7) 気でも違い。
(8) 外出。
(9) 「白筒袍」、白い筒袖。
(10) すれ違う余裕がないのに。
(11) 侍の刀の柄が猪之助の袖にかかった。

如何《イカガ》之御心得ニて刀之柄を
袖え入候哉、と厳しく存慮
申候ニ付、此通りのせまき道
よけ候事も不出来、御互の
事、どちらから致候と申
とも無之候申候得共《ト申シ候エドモ》、不聞
入ニ付、最早致方《イタシカタ》も無御坐《ゴザナク》、私
も藩中之者故屋敷え帰《帰リ》、
そふ方《双方》表立《オモテダテ》、御掛《オカカリ》ニ可及《及ブベキ》(1)旨
申述候得ハ、閉口致候哉、だま
り行過よし、未兎角《マダトカク》
けんく《喧嘩》ハかい《買イ》有之候
一庄之助、高太郎など色々
咄致
一少々眠
一茶給
一小姓間《コショウマ》代る〳〵《カワルガワル》出、咄する
一夜食五ツ
一七ツ半過、御退散

一認物致
一六ツ過、御休息へ出
一出雲、九太夫出
一少々御酒残有之、孫之允
出、被下
一四ツ頃下《下リ》、直ニ寝
同十五日朝曇昼頃晴夕雨
一例刻目覚
一朝飯三ツ
一認物致
一御休息へ出《出ル》、四ツ前御参　内
一又認物致
一老若其外、追々目見出《メミエニ出ル》
一診順庵
一飛脚認る
一昼飯四ツ給《食ベル》、鴫《シギ》の焼、至て《イタツテ》風味
宜敷《ヨロシク》候、鴫此頃沢山出候よし
一此頃ハ魚類もよふ〳〵くさら
ぬ魚有之、給《食ベ》られ申候

(1) 正式に藩と藩の懸合として。

【史料】伊達宗徳公在京日記

一小鳥ハ沢山之趣、猪も沢山の
よし故、大ニ宜敷候、此節
食事の進候ハ、魚肉を余
けい不給《食ベズ》、酒を余り不飲故と
存候
一茶給《呑ム》
一八ツ頃より馬場へ参、乗馬《乗リ馬ハ》
赤尾(2)、をちこち(3)とふかけ《遠駆ケ》候
一右近、晴之助、権七、英次郎
え《へ》ものせる《乗セル》
一屋敷(4)内まハる
一余程広きもの也、馬屋
など三十騎余も有之
一七ツ過御帰
一夜食五ツ
一大坂残シ兵隊着京(5)、物頭(6)、
小姓目見申付(7)
一今日若狭守より、交肴《混ジリ魚》到来
一黒田勝左衛門より干菓子上
一書付見る
一五ツ半前頃、御休息へ出
一御酒上ル
一図書、頼母出、色々御咄
一四ツ頃下る、直ニ寝
同十六日終日雨ふりどふし
一昨夜四ツ半頃(8)、急ニ明暁《ミヨウアケ》(9)
卯の時(10)御参　内被遊候
様申来候(11)、何之御用か
相分不申候得共《相分カリ申サズ候エドモ》、よく〱
御急之御用と相見へ候
一六ツ過、御参　内
一風聞ニハ、江戸より大早(12)相
達候て、何か事之有之《コレアリ》(13)
候様申候得共不相分(14)
一五ツ時目覚
一朝飯三ツ
一老若目見、役人中《役人ジユウ》追々
出

---

(2) 赤尾の馬。
(3) 遠近、あちこち。
(4) 旧所司代屋敷。
(5) これで宇和島兵はすべて入京。
(6) 弓、鉄砲部隊の隊長。
(7) 物頭へ小姓からお目見えを命じた。
(8) 午後十一時。
(9) 明日の暁。
(10) 午前六時。
(11) 深夜に宗城へ早暁の参内の命令が来た。
(12) 飛脚の特急便。
(13) 重大事件。
(14) 尹宮謀反事件(『御日記③』九六頁)が発覚。

一志津馬(1)、三蔵、昨夜着ニ
付、目見
一志津馬、猪之助色々咄《話ス》
一忠千代参
一診天民
一茶給
一治左衛門出、色々咄、今朝の
早御参　内ハ、昨夜江戸
より大早相達候所、賀陽の宮
様尹宮《インノミヤ》(2)の事なり、
何か御不審《志ん》の御ケ条
有之、藝州へ御預のよし、
江戸ニて奥州方何ら
同通ニても致候哉、の風聞
のよし咄
一今日ハ雨ふり淋敷《淋シク》、朝より寝
て居候
一忠千代参、又々菓子ねだる
一昼飯五盛

一昼寝する
一忠千代度々参、菓子ね
だり候得共、たまして《騙シテ》かへ
す、始終御菓子給《食べ》つづけ
にて、よく有之間敷《マジク》と存候
一西洋酒少々給《飲ム》
一茶も給
一七ツ半頃御帰
一今日之御用、尹宮様、藝
州へ御預ニ相成候よし
一夜食三ツ
一小姓間ニ、足たゝかせ候
一今夜ハ少々風邪気ニて、
御休息御用捨相成(3)
一酒用ゆ
一右近、猪之助、弥之助酒遣《へ酒遣ス》、小
姓へも残遣《残シ遣ス》、色々咄
一五ツ半頃寝
同十七日

(1) 八木志津馬か。三五頁注
(7) 参照。
(2) 公武合体派の賀陽宮朝彦
親王が奥羽越同盟との関係を疑
われ芸州藩へお預けになる。
(3) 風邪気味で宗城のご休息
へは出ず。

一昨夜一ツ強雷鳴、一聲有
之
一例刻目覚
一朝飯二ツ
一診伺玄仲(4)、一昨日着
一同人も不相替《相変ワラズ》、酒斗飲《酒バカリ飲ミ》いけ
(5)んと申事、呵《シカ》っても矢張のむ
一老若目見
一役人追々出
一今日は風邪ニて致用心《用心致シ》候
一小姓出、はなしいたす
一昼飯三ツ
一写真見る、渡部甲三郎、聞
愛、三杵屋菊鶴也(6)、べつぴん《別嬪》と
あれ共、左様も不見得《見エズ》
一かむり(7)色々見る、小姓間所
持之品也、此頃ハ皆かむり
はやる
一小姓間出、色々はなし
一少々昼寝いたす
一茶給
一七ツ半過、御退出
一暮過今夕ハ、御休息へ出候ハ
及不申趣ニ付、明日出立致候
間、左之面々呼《呼ブ》
一頼母、十兵衛、誠一郎
一盃遣色々咄
一九太夫も出居、酒遣
一図書御休息へ召居、下りかけ
参、酒一盃程給、直ニ下る
一治左衛門も出、酒遣、直ニ
下る、頼母始も追々下る
一九ツ頃寝
一夜半猫二疋をいつけ《追イ》
合致、次の間より士分兵隊
之居候処へ、一疋は入《ハイリ》、大
そふとう《騒動》也、とふ〱にけ《逃ゲ》、
得取不申候《ヨウ取リ申サズ》

---

(4) 林曄敏（はやしてるとし、玄仲）。村田亮庵（大村益次郎）が塾頭の緒方塾で学んだ（『医学史』九七頁）。その玄仲が伺いかたがた診察。
(5) 「いけん」は「いけない」の伊予弁。
(6) 役者や芸者のブロマイドか。
(7) 戎帽。戊辰戦争ではいろいろな戎帽が使用された（武器防具』一一六―一一八頁）。

八月十八日晴
一例刻目覚
一朝飯二ツ
一診泰庵
一老若目見、諸役人追々出
一今日十六日、代《カワリ》御休日ニ相成、御
参　内無之候
一今日ハ少々用有、代る〳〵役人出
一昼飯四ツ程
一此度長崎ニて取入候筒見(1)
并本込《モトゴメ》也
一九ツ過御休息へ出
一御庭ニて調練有之、見《見ル》、人数
少し(2)
一八ツ過頃相済、出坐
一少々眠る、直ニおきる
一夜食六ツ
一少々休息致、本見
一六ツ半過、御休息え出
一御酒上ル
一但馬、荘蔵(3)出色々御咄
一都築《つづき》荘蔵明日大早ニ
て横濱へ参候よし
一五ツ半頃下る、同刻出坐、直
ニ寐
同十九日晴
一例刻目覚
一朝飯二ツ
一五ツ半頃御休息え出
一内蔵《クラ》(4)横濱より御用有之、昨
夜致上京候由ニて、出居候
一色々御咄申上ル、廿四日乗船
廿六日兵庫之由、二日位ニて
着《着ク》、早き事アメリカ飛脚
船之趣、大船之由
一さつしう《薩州》ハ至て無法由《無法ノ由》、人を
喰(5)、其外人類ニ無之所叢《しかた》(6)
有之よし

(1) スナイドル銃あるいはスペンサー銃か。
(2) 越後出兵の訓練が始まった。二時間くらい訓練している。
(3) 都築荘蔵、儒者、虎之間、四人分二十俵（『由緒下』三七三頁）。大政奉還賛成演舌を自分の判断で慶喜に奏上、探索方としても宗城を助けた。
(4) 後の松根蔵六、松根図書嗣子。宗城三女、敏を娶る。
(5) 戊辰戦争でのカニバリズムについては言及が多い（『戊辰戦』二二四―二二五頁、『会戦史』一―二頁）。日本人の秘められた戦争習俗とみるのが妥当か。
(6) 所業。

一調練御庭ニて有之、見る
一四ツ頃、御参　内
一老若目見
一八木志津馬、(7)小姓改役申付
一診順庵
一昼飯四ツ
一髪結候事
一小姓出、絵図見る
一七ツ前、諦《鍗》之助被参《参ラル》
一居間へ通し、逢咄致
一菓子茶出ス
一無間《間モナク》被帰《帰ラレ》、是より清水《キヨミズ》辺え
とをのり《遠乗リ》ニ被参《参ラレ》候よし
一今朝、内蔵咄候ニハ、宇和島
より江戸へ出居《出オリ》候兵隊も、皆
ざん髪、口ひけ(8)をはやし、
おそろしき様子、皆々ひ《緋》
らしや《羅紗》のつつ《筒》そて《袖》(9)抔着候
よし、りっパ《立派》の事之由
忠右衛門ハ御ふしん《普請》のかゝり《掛》
被仰付よし
一夜食二ツ、今夕ハ近衛様(10)へ出
候故ひかへる、定て御馳そふ《走》有
之べくと存候
一山口内匠(11)被参、今日昼過着
之よし、早速被参候、萬事
御頼申上度との事也
一色々咄、四月頃駿河之領
地へ被参、八月十四日出立ニ
て今日着之由、雨続ニて所々
洪水いたし、知行所(12)も余
程の損毛(13)之趣也
一内匠壱人領所へ被参、
游龍(14)夫婦妻子共ハ江戸
の由
一内匠も昨年より不快ニて、よ
ふく〳〵おして上京、至て《イタッテ》色
もあしく、やせ候、未《マダ》少々ね

---

(7) 虎之間、二四五石八斗（『由緒下』二一四六頁）。
(8) 散切り頭と口髭が官軍側の流行。
(9) 英国式の緋羅紗のマンテルに短エンピール銃。韮山帽様の軍帽（京都星野画廊蔵、小波魚青画「戊辰之役之図」より）。
(10) 近衛忠房（このえただふさ）、この時は無役（『補任』『人名』）。
(11) 宗城長兄、内匠系山口直信の嗣子、直衛。
(12) 知行地は三河（二、五四八石）と駿河（四五〇石）。
(13) 損耗。
(14) 宗城長兄、山口直信か。

つも夜分なと出候よし也
一茶菓子出ス
一無程、被帰候
一七ツ半頃、御退出(1)
一無間、供揃ニて近衛様へ
出、彼方へ暮過参
一無間、案内ニて御小坐敷へ通る
一大屋形様、被為入居《入ラセラレ居リ》候
一左大臣(2)様御逢、久々振ニて御
逢申
一暫時御咄
一御奥へ通る
一君様へ御逢申候
一御菓子出、無間、御吸物出
一女中多人数出
一久尾へ初て逢候、色々咄
一薩州より御附のいしや《医者》出
一君様御琴被成候、六段度々いと(3)
間違候

一御側の人々三味せん引
一とふ〱大酔ニ相成、出立後
初て能《ヨク》大酔也、ろうか《廊下》ニ
こける(4)
一九ツ半過頃、彼方《カノホウ》立、八ツ頃
帰る、直ニ寝
同廿日陰
一五ツ頃目覚
一未《マダ》余程酔居候
一朝飯二ツ
一診玄仲
一御休息へ出
一調練見る
一老若出
一四ツ過、御参　内
一内蔵出、色々咄、明日大坂へ一寸参由
一昼飯三ツ程
一九ツ過より、銀閣寺金閣寺見ニ
参《マイル》馬也

---

(1) 宗城が朝廷から退出。
(2) 先の左大臣・近衛忠房（このえただふさ）、この時は無官『補任』、『人名』）。
(3) 琴の弦。
(4) 転倒する。

一銀かくじ《閣寺》へ参、かく別にも無之候
一夫より金かくじ《閣寺》へ参、同少々《ママ》手
ニ、かゝみ岩と申岩有之、大石
ニ片面磨《ミがき》候様相成居《相イ成リオリ》、往来
の人のかげ《影》うつり候、奇妙
之石也、人の拵《コシラエ》候者ニハ無之、自
然なり
一金閣寺、是ハ庭も広く、至て
よき庭、池も広く水も清し、
十二位の若者由《ノ由》案内、名所
高く〳〵と申述る
一色々名所有之、名高き
南天のとこ《床》ばしら《柱》はぎ《萩》
のはしら抔(5)《ナド》見、皆うそ《嘘》と
存候
一金閣ハ、上の段ハ内の分総金ぬ
り、其内、皆参候人々、何そニ成候か、
けつり《削リ》取候て、ひとき《酷き》事ニ相成居候
一池ニ鯉ふな《鮒》はや《鯇》をびたゝし《夥シ》
く居、よくなれ《馴レ》、らんかん《欄干》をた
ゝき候得ハ、皆より《寄リ》候故、べ《弁》
ん《当》とふをやり候処、皆々よ《寄》
りたべる、見事の鯉居《オル》
一柳原へ参、居候《イソウロウ》松本芳助
娘なつ(6)参《マイリ》、うろたへにけ《逃ゲ》候
故、にけるニ不及、致見物候
様申聞、よふ〳〵参
一夫より、北野脇より西陣通、
堀川、入相(7)前帰
一肥前守(8)被参居候《参リオラレ候》
一間もなく、肥前へ逢、誠ニ
久々振ニて色々咄致
一大ニおとならしく相成
当年九年目也(9)
一御休息へ同道
一菓子茶出
一酒上ル、肥前も三月以来
勤番ニて、婦人珍敷《メズラシク》久々婦人

---

(5) 萩の違棚の誤りか。
(6) 松本芳助の娘。芳助は宇和島藩士か。
(7) 日没。
(8) 佐賀藩主・鍋島直大（なべしまなおひろ）、文久元年襲封（『人名』）。
(9) 藩主になって正確には八年目。

の酌ニて大慶の様子、家来ハ
不自由も致間敷、大名ハ
ふ自由《不自由》の者也
一内蔵出
一皆々色々咄
一肥前供一人出、色々咄山口一郎と云人
一肥前ビイル、シャンパン出《出ス》
一ヲゝルゴール(1)ならす《鳴ラス》
一九ツ前頃、被参(2)
一直ニ寝
同廿一日晴
一例刻目覚
一朝飯二ツ
一診天民
一老若目見
一御休息へ出
一山口内匠被参、御休息ニて御
逢(3)、色々御咄有之
一九ツ過、被帰

一表へ参、昼飯四ツ程
一九ツ半時、御供揃ニて詩仙
堂(4)へ御出有之、私ニも御同
道申上候
一途中じみち(5)
一八ツ半頃、彼の方へ御出
一色々石川丈山居候節よりの
品有
一手鑑(6)、掛物、自筆色々
有、見事之事也
一寶物数々なり、額も数
々也
一裡の山ニ松茸有之、参
る、少々とれる
一わらびも知(7)、上ル
一御瓢箪酒、被召
一図書、但馬、弥三郎、瓢たん
酒被下《クダサル》
一御弁当、被召上

(1) オルゴール。
(2) 「帰」の誤記。
(3) 宗城と。
(4) 宗城が家康家臣の文人、石川丈山の隠棲所へ出かけたのに同道。
(5) 馬を普通の早さで進めた。
(6) 鑑賞のため古筆切（こひつぎれ）などを貼った帖。
(7) 「取《取レ》」か。

一七ツ半頃、御立
一途中乗切、早だく(8)
一丁度暮時、御帰
一入湯致
一少々咄致、六ツ半過御休息
え出
一御酒上ル
一九太夫出
一五ツ半頃下る
同廿二日陰
一例刻目覚
一朝飯二ツ
一老若目見、諸役人追々出
一髪結候事
一御休息へ出
一調練見る
一診泰庵
一四ツ前、御参　内
一出雲用有出(9)

一筒(10)手入致
一昼飯五ツ程
一九ツ時、供揃ニて、来ル廿七日
御即位御治定被仰出候為、
御祝儀参　内、直垂也
一肥前、秋月(11)、五島(12)逢候
一寄合(13)暫時、肥前ハ御役人
故、無間奥之方へ被参
一弁事秋月右京亮被出《デラレ》
逢《アウ》、伺
天機、来ル廿七日
御即位御治定、恐悦申上ル、
暫時控居候様
一天機御伺、
御即位御治定恐悦と
申《ママ》上早速申上候処、御満
足思召候旨、最早勝手ニ
退出致よろしく旨
一小野兵部小輔出居《出オリ》、逢《アウ》

---

(8) 馬を跑足《ダクアシ》(足を上げて早く駆ける)にした。
(9) 越後出兵の相談と思われる。
(10) 鉄砲。
(11) 高鍋藩世子、秋月右京亮種樹(あきづきうきょうのすけたねたつ)、弁事、下局議長(『補任』一四〇頁)。
(12) 肥前福江藩主・五島盛徳(ごとうもりのり)(『補任』三〇五頁)。宗徳が宮中で直大、種樹、盛徳と出会った。
(13) 集会。

一無間、退出
一大宮御所へ出、同断申上ル
一直ニ退出、八ツ過帰
一西洋酒少々給《ノム》
一七ツ過、御帰のよしニ付、次
迄参、御待申上(1)候処、間違
のよし
一夜食三ツ
一入相前、御帰
一御休息へ出
一御庭、歩行
一暮頃、出坐
一本見る
一六ツ半頃、御休息へ出
一今夕戸田大和守(2)、可被参
処、不被参
一図書出、色々御咄
一弥三郎、孫之丞出、是又色々
御咄申上

一孫之丞、昨日松尾の方へ、松たけ
とりニ参候処、子供五六人も
連参《連レ参リ》、吉川善次郎案内之由、
酒肴など、栄浦(3)、妙圓より
馳走、げいこ《芸子》も参候処、孫之
丞ハ松茸取より、直ニ酒ニ相成、
子供や家来ニて、をひ多《オビタダ》
ゝ敷《シク》取候処、孫之丞ハ早大
酔ニ相成、九太夫の次男勝
次郎などハ、よふ〳〵家来と二
人ニて、かつき《（孫之丞ヲ）担ギ》候位のよし、
皆々人、勝手《（松茸ヲ）勝手ニ》取帰、翌朝《よくあさ》
おき《起キ》、献上可致と見候処、
どこかへ参、只虫食ひ《虫食イ（松茸）》計《バカリ》五ツ
残《残シ》、孫之丞大怒、家来をしかり
候得共、致方なく趣、大笑《オオ笑イ》也
一四ツ頃下直ニ寝
同廿三日雨
一例刻目覚

(1) 宗城が五時過ぎに帰参と聞いていたので、次の間で待っていたが間違いであった。
(2) 高遠藩主・戸田忠至（とだただゆき）、権弁事、山稜副管（『補任』一四八頁）。
(3) 宗城の御相伴女中。

【史料】伊達宗徳公在京日記

一朝飯三ツ
一診天民
一忠千代、少々一昨より、不気味合《キミアワズ》
ちよ《腸》ふい《胃》の不和と申事、あま
り菓子過候かと存候
一御休息へ出
一四ツ前御参　内
一絵図見
一鉄砲すだめ(4)致
一孫四郎、英雄調練のこま(5)を
　こしらへる
一昼飯五ツ盛
一河原町ニ剣術稽古場有
之、猪之助、庄之助抔参見候
由、人数ハ多く候得共、
皆格別達者之向も無之
よし、大洲はん《藩》高山峰太郎
と申人、可也《カナリ》つかい候よし
一少々退くつ故寝
一七ツ過入湯
一夜食三ツ
一入相前、御退出
一本見る
一五ツ頃、御休息へ出
一御酒上ル
一与左衛門出
一五ツ半頃出坐、直ニ寝
同廿四日
一暁七ツ半(6)時目覚
一朝飯二ツ
一あまり早く起、たいくつ
一六ツ時、供揃ニて提灯引(7)、出門
山科方え、松茸とりニ参
一途中少々だくのる(8)
一五ツ過、きれいなるもりすな(9)の
有之道へ案内致《致ス》、供中ハ馬
より下《オ》り候様申候ニ付、如何様の所
ぞ、と尋候候処、此所は

（4）据銃（きよじゆう）と引き金操作に集中する練習。
（5）図上演習用の駒か。
（6）午前五時。
（7）提灯をつけて。
（8）馬を跑足にした。
（9）盛り砂。

天智天皇の御陵《ミササギ》之由、夫は松茸ある所とハちがい候得共、不計参幸《計ラズモ参リサイワイ》の事故、拝《オガミ》いたし候、松茸ハとこ《何処》ぞと尋候所、山科の御陵と承知いたし候故、松茸所ハ不存よし、甚不都合、ぜんたい吉川善次郎へ松茸とり之事ハ委細前より頼置、今日も先へ参《マイリ》、出逢《デアイ》向居《迎エオリ》可申処、すべて(1)不見、若《モシ》や間違共ニハ無之や、色々と致評議候得共、無致方《致シカタナク》当惑致候処、直ニ《タダチニ》脇の百姓、昨日吉川様被成御出《オイデナサレ》候処、今日は昨夜の雨故、御出も無之(2)と存候旨、夫如何之《ソレハイカガノ》都合か、善次郎ハ今暁七ツ半ニ出候故、とく(3)参り可申筈、

松茸山へハ御案内可申上(4)ニ付、為致案内参《アンナイイタサセマイリ》候処、早山え人参候、此人ハ山主ニて案内と見へ(5)、此所迄致案内候人ハ茸ハ一向不案内之様(6)、両人山へ参候人を呼候処、右之者咄ニ、誠此節ハ武家多人数ニて毎日取ニ参、しかり候ても中〳〵不聞入《キキイレズ》、めつたな事申候得ハ、あちらこちらニとんなめ《ドンナ目》ニ逢かも不知故、先へ〳〵と廻り取候(7)故沢山ハ無之、少々ツゝハ有之よし

一山の上ニて少々休息、鹿の足あとなど有之、鹿ハ沢山と見へ候

一夫よりなバ(8)取ニ山へは入《ハイリ》、山も至て広く、かく別繁《シゲリ》も不致(9)、

---

(1) まったく。
(2) 宗徳一行が。
(3) もっと早く。
(4) その百姓が。
(5) 山主であるので事情がよくわかっている。
(6) ここまで案内した人は茸にについてはなにも知らなかった。
(7) 茸泥棒が来る前に採ってしまうので。
(8) 茸。
(9) 木や下草が特に繁っていない。

【史料】伊達宗徳公在京日記

なばも相応有之、誠ニ見へ
ぬものニて、自身ニて見付
候事六ケ敷《ムツカシク》、たま〳〵見付候
と嬉処《ウレシキトコロ》有之、皆々自身
見付候競《きそい》候
一山を一廻り取、帰候処、存外
沢山とれ、深き籠ニ山盛
一杯有之候、皆極上のたけ
なり
一善次郎も漸々参《ヨウヨウマイリ》、今朝
早朝より御待申上候処、総て《スベテ》
御出も無之、如何哉《ヤ》と存候
てあとへ引かへし見候所、御
馬有之、御出ニ相成候事
と存候旨、未《マダ》途程(10)先之よし、
未早くも有之、先へ可参と
直ニ山を下り、馬ニのり参候
一善次郎案内の所へ参
一最早九ツ頃ニ付、子安堂ニ
弁当給《食ベル》
一此途中、伊井《ママ》掃部頭上京行《イキ》
違《タガイ》候
一此寺安祥寺(11)と云
一松茸山へ参候処、至て松も小
く、しけり居(12)、しけりの中へ
はいり候事大難義《ママ》
一松茸も一向無之、誠ニ少々外《ホカ》
無之、案内人ハ、べた一面有之
と云候故、案内いたせと申候
得ハ、直ニ山をぬけ、どこへか
参《参リ》候、一人外の案内人参、此人
ハ少々見出申候、素《モト》より沢
山無之事と被存候、前人案
内人ハ、致案内候様申聞候得
共、無之故にげ《逃ゲ》候事と存候
一此山ニ猪も居候、下の堂の辺狐
沢山居候
一少々雨もふり出そふニ相成、山

---

(10) 余程。
(11) 山科区御陵平林町にある真言宗の古刹。
(12) 木や下草が茂っていて。

より下《オリ》、直ニ帰る
一途中乗切打《ノリキリウチ》(1)ニ致
一蹴上《けあ》ケと申処、茶屋へ小休
一弁当給《食ベル》、ひょふたん《瓢箪》酒給《飲ム》、出雲、
九太夫、晴之助、弥之助へも遣《遣ワス》
一七ツ過立雨(2)、晴《ハレ》る
一誠ニ能《ヨキ》工合ニて、此茶へ(3)上ルと、大
雨厳敷《キビシク》ふり出し候
一次之間へ松茸取の町人、大雨
ニ合、男女共びしょぬ(4)、じゆハん《襦袢》一
ツニ相成居、大こんざつ也、男
ハふんどしばかり
一帰路じみち(5)
一二条御城前、道広く少々かけ
進候
一七ツ半前帰る
一入湯
一少々眠る
一大屋形様御帰遅く、五ツ半過(6)
御帰り、今朝御馬場ニて、馬
御覧有之(7)よし、御跡ニて御酒
御頂戴之由
一御酒被下、表ニて給《飲ム》
一右近、志津馬へも遣《遣ワス》
一四ツ頃寝
同廿五日
一例刻目覚
一朝飯三ツ
一昨夜、国八月七日立飛(8)相達《相達ス》、
御書(9)被成下、難有拝見奉り候、
先以《先ズモッテ》被為揃《揃ハセラレ》、倍《マスマス》御機嫌克《ヨク》
被遊御座《ゴザアソバサレ》、恐悦至極奉存候
庶子衆(10)壮健、国中静
寧、一段安悦仕候
一御休息え出
一四ツ前、御参　内
一飛脚通達見る
一内蔵昨夜大坂より帰京、出暫時咄《デテ暫時ハナス》

(1) 途中下馬なしで。「うち」は強調語。
(2) 夕立。
(3) 茶屋へ。
(4) びしょ濡れ。
(5) 普通の早さで馬を走らせる。
(6) 夜九時過ぎ。
(7) 天皇の御覧。
(8) 飛脚。
(9) 宗紀書翰。
(10) 妾腹の子供たち。

一飛脚通達見る、国ハ七月末より
雨之よし、何卒ふり過不申候
得ハ宜敷《ヨロシク》、当地ハ誠ニふりやす
く、此頃ハ晴天一日と無之候、全
たい当地、天気時々変し候
一昨日も途中、作方《さくがた》(11)見受《見受ケ》候
二、山田之分ハ可也ニ出来居候、
処ニ寄候ハて《ママ》雨障《サワリ》候様見へ候
一昼飯六ツ
一少々眠
一九ツ半少々過、御休息御庭調
練見ニ参
一八ツ過、相済帰る
一茶給
一夜食山盛三ツ
一七ツ半過、御退出
一火のミ《見》へ上ル
一入相頃下ル
一茶又給

一六ツ半前、御休息へ出ル
一琴陵宥常伺度義
有之出《出ル》、御逢《(宗城が)御逢イ》、暫時御咄申
上ル、金光院之事也(12)
一御菓子御茶出
一無程、被帰候、末髪のびかゝり
一御酒上ル
一内蔵、九太夫出、色々御咄
一四ツ過下る
一直ニ寝
同二十六日雨
一例刻目覚
一朝飯二ツ
一老若目見
一役人代る〲出
一明日
御即位ニ付、参　内之都合
申出
一今日ハ御休日、御参　内無之

(11) 作柄。
(12) 三頁注（7）参照。

一昼飯三ツ
一役人代る〳〵出
一少々眠
一八ツ過、御休息え出
一小鴨料理いたす
一七ツ前、出坐
一髪直ス
一入湯致、柳澤勝次郎(1)越後より
帰着
一夜食七ツ
一暮過御休息え出
一御酒御吸物上ル
一治左衛門出
一五ツ前出坐、直ニ寝
同廿七日曇
一暁七ツ半時目覚
一朝飯二ツ
一今日
御即位(2)ニ付、衣冠着用
一大屋形様六ツ前、御参　内
一六ツ過、参　内
一鶴の間、(3)びょふ《屏風》風囲外え
詰《詰ル》、紀州、伊井《ママ》、高松、(4)松山、(5)島津、(6)
私、秋元也、御席せまく大こんざつ《混雑》
一御認頂戴致、御膳之事也
一無間、御祝御赤飯也、御祝
酒頂戴致
一九ツ頃、紫宸殿へ参候様
申事ニ付、参詰《参リ詰ル》
一公家衆多人数也
一近衛様御父子御逢申、其
外多人数逢
一暫、御横之方へ坐着
一堂上方、追々御役人之方ニ
被出候
一出御《シュツギョ》(7) 前、女三人四人程被
出、檜扇《ヒオウギ》を持、丸きかたち
のものへ腰を掛候、小供ニて

---

(1) 北越道鎮撫副総督・四條隆平（しじょうたかつね）の護衛として柳沢勝次郎はじめ四人の宇和島兵士が派遣された（甲―26―1「御上京日記 其一」）。
(2) この日、明治天皇即位式典。
(3) 一三頁注（18）参照。
(4) 高松藩主・松平頼聰（まつだいらよりとし）。
(5) 伊予松山藩主・松平定昭（まつだいらさだあき）。
(6) 鹿児島藩主・島津忠義（しまずただよし）か、佐土原藩主・島津忠寛（しまずただひろ）か。
(7) 天皇・三后がお出ましになること。

十位之人と十三位之人也
右之付添の様なる人
二人出居
一暫致《暫ク致シ》候て
出御、又婦人御付添出候、
御帳台と申所か、(8)高所ニき
れの下《サガリ》候内え　御入被遊候、
此時能《ヨク》見上られ申候
一夫より御式始る、無間、相済
一少々楽《ガク》のひちりき《篳篥》の音
いたす、此間ニ何か読《読ム》様の
聲聞へる、詰居《詰メ居リ》候処よりハ見
え不申候、夫より、宮様、御前ニ二
人御拜
一入御《ジュギョ》(9)ニ相成
一無程、退坐、皆々、公家衆同
断
一鶴の間へ帰
一又々、御認頂戴被仰付

一今日の御祝儀、(10)非蔵人へ申上ル
誠ニ、存外之御無そふさ《無造作》の
事也
一最早退出ニて宜敷よし、
大宮御所へ、今日之恐悦申
上ル
一八ツ過帰る
一髪直ス
一先々《マズマズ》今日ハ格別雨ふり不申、
無此上《此ノ上ナク》存候
一夜食三ツ
一柳澤勝次郎、昨夕越後より罷
帰、色々彼方咄承る、同人も久々、
かつけ《脚気》ニて致難義《ママ》、一旦ハ余程
あしく《悪シク》御坐候よし、先《マズ》追々
快候事、最早越後ハ大か
た片付候趣(11)
一本など見
一暮頃、御休息え出

---

(8) 高御座。
(9) 天皇が内へお入りになる。
(10) お祝いの言葉。
(11) 越後出兵と息巻いていたが。

一御酒御吸物上ル
一図書出ル、色々御咄申上ル
一五ツ過出坐、直ニ寝
同廿八日晴
一例刻目覚
一朝飯三ツ
一老若目見
一役人代る〳〵出
一鉄砲手入致
一茶給
一御休息へ出
一山口内匠被参、暫時御用談、被帰
一四ツ過、御参　内
一飛脚通類見る
一昼飯四ツ
一御休息御庭、調練見る
一今日ハ少々よろしく候(1)
一七ツ過、出坐
一同刻、御退出

一夜食四ツ
一八木志津馬家来、其外両
人、権之助、此面《コノモ》(2)家来、三人連
ニて嵐山方え松茸取ニ参候
処、猟師猪二疋所務《ショム》(3)致《イタシ》、
持帰りかゝり候ニ付、直ニ大の
方十三貫目の由、うり《売リ》くれ《呉レ》
不申哉之旨申聞候処、
二両ニ　上《タテマツリ》　可申旨ニ付、直ニ取
帰り候由、誠不計能《ハカラズモヨキ》所務
いたし候事、松茸も
沢山取候由
一右猪一枝(4)、志津馬より上ル《タテマツル》
一右の猪、　忽《たちまち》　屋敷内之者、寄《ヨリ》
集《集マリ》、はけ《捌ケ》仕舞候由
一入湯致
一六ツ過、御休息え出
一図書出、色々御咄申上ル
一志津馬出

（1）兵隊訓練の腕前が上がった。
（2）大橋此面、虎之間士、経丸（宗敦）の御伽を勤めた（『由緒下』二九一、三六二頁）。
（3）獲物を得る。
（4）脚などの長い肉。

一四ツ頃下る、直ニ寝
同廿九日晴
一例刻目覚
一今暁七ツ半時、御供揃ニて御(5)
参　内
山陵(6)へ御参詣也、今日は御留
守番ニ御参　内之事
一朝飯二ツ
一五ツ過御休息御庭調練見
ニ参
一九ツ前済《済ミ》、帰る
一昼飯二ツ
一昼寝スル
一茶給
一明日御誓約被為在候間、未《ひつじ》
之刻参　朝致候様、被
仰出、都合六人也(7)
一鉄砲直《す》ためいたす
一夜食五ツ

一今日ハ
還行(8)御遅刻ニ相成四ツ頃
御退出(9)
一酒少し給
一九太夫、治左衛門へも遣
一御休息へ出
一御酒上ル
一治左衛門出色々御咄
一四ツ頃下る直ニ寝
同卅日夜中より雨五ツ半過より晴
一六ツ過目覚
一今日ハ調練場へ
行幸ニ付六ツ時御供揃ニて
御参　内
一朝飯三ツ　診泰庵
一髪結候、冠下《カムリシタ》(10)也
一老若目見
一諸役人追々出
一書物《カキモノ》致

---

(5) 宗城が。
(6) 明治天皇が天智、孝明両天皇陵に親謁（『天皇紀　一』八一五–八一六頁）。
(7) 三月十三日の天神地祇祭の御誓約で記帳しなかった公家諸侯六人が記帳予定（『御日記②』八七頁参照）。
(8) 還幸。天皇が行幸からお帰りになる。
(9) 天皇の還幸が遅れたので、宗城は夜十時に御所を退出。
(10) 冠用の整髪。

一昼飯三ツ
一九ツ過供揃ニて　御誓約
ニ付参　内
一鶴の間へ控
一今日　御誓約、昨日廻状《くハい志よう》(1)ニ
ハ六人の所、割《わり》廻状ニて多
人数有之候事
一七ツ前頃
還行(2)ニ付御出迎ニ出候様千
種(3)より沙汰有之皆々一同ニ
御出迎ニ出
一南門(4)前へ公家衆諸侯列
坐也
一無程
還行ニ相成
一承明門前(5)ニて紫宸殿へ御
上り之処を拜《拜ム》、夫より皆々帰
一無間　御誓約下見相始
り、皆々小御所へ廻る

一小御所御下段へ出、御誓約之
習礼(6)有之
一引続ニ相始るよし二付、直
ニ御廊下へ控居候、無程相始
一皆々小御所御しきゐ《敷居》ぎわ迄
進《進ミ》、平伏《平伏シ》、筆頭より一人ツヽ出、
苗字《めうじ》と官名かき有之ニ付、
其下へ実名ばかり書、直《タダチ》ニ下る
一七ツ半頃相済
一今日は　出御之躰《テイ》ニて、実ハ
出所《シュツショ》(7)無之哉と奉存候、御簾下
居候(8)
一今日も色々人ニ逢候得共、堂上
方ハ名覚不申《ナオボエモウサズ》、一人向《ムコウ》よりしき
りニ致挨拶《挨拶致シ》候ニ付、不存人《ゾンぜザルヒト》、
如何《イカガノ》之わけかとふ審《不審》ニ存
居候処、土州(9)と間違候よし
一夫より退出、入相頃帰る
一夜食三ツ

（1）割書にして人数を増やした回状。
（2）還幸。
（3）公家、千種有文（ちぐさありふみ）、権弁事（『人名』六二〇頁）。
（4）建礼門。
（5）内裏内郭の南正面、外郭の建礼門と相対する。
（6）記帳の説明。
（7）出御。
（8）自分たちは廉前に控えた。
（9）土佐藩主・山内豊範（やまのうちとよのり）。

一暮過御休息へ出
一御酒上ル
一弥三郎、孫之丞出
一五ツ前出坐、直ニ寝
九月朔日
一例刻目覚
一朝飯三ツ
一髪結候
一診順庵
一老若目見
一役人追々出
一四ツ前御休息え出
一同刻少々過、御参　内
一今日ハ私も参　内可致所、
御祭中ニ付不参
一認物《シタタメモノ》致
一昼飯三ツ
一飛脚　認《シタタメル》
一八ツ半前御退出、今日は御休
日故御早く御帰
一去月廿三日夜、品川沖徳川
の軍艦八艘、行方不分旨
御触有之(10)
一右ニ付下々風聞ニハ大坂沖
え會津船か《ガ》来たと申候、徴兵《ちょうへい》(11)
大坂へ出張之よし、船ハ虚説と存候
一七ツ頃入湯
一色々手遊の類見る
一又々、たはこ《煙草》入の類色々見
一夜食三ツ
一暮過御休息へ出
一図書出、出雲出、色々御咄
一一昨日川東調練場(12)へ
行幸、徴兵、其外長州、土州
抔兵隊調練
天覧有之由、其節ハ
大屋形様ニも至て、御親事《オンシタシキ》ニ
て　御前ニて御酒御頂戴、種

---

(10) 八月十九日夜、榎本武揚の率いる艦隊は北へ向け品川湾を脱した（『御日記③』九七－九九頁、『戊戦』一九五頁）。
(11) 徴兵については『御日記③』一〇七頁参照。
(12) 加茂川荒神橋東（五頁注(14)、二〇頁記事参照）。

々　御咄など有之、此度
御東行(1)ニ付御泊番《オトマリバン》抔の
御咄有之候処、議定ニて皆と一
所ニ御泊番之処、(2)
上《カミ》(3)ニも御気の毒ニ召思《オボシメシ》候など、御
懇《ネンゴロ》之　勅命有之由、御
咄伺候、誠ニ難有《難有キ》御義ニ御
坐候
一四ツ前下る
一無間寝
九月二日晴
一例刻目覚
一朝飯三ツ
一飛脚認
一老若目見
一役人追々出
一飛脚仕舞《シマイ》、下《サゲ》る
一昼飯三ツ
一九ツ過より、御休息御庭調練
有之見ニ参
一八ツ半頃相済、出坐
一茶給
一車仕掛人形、九太夫取帰り見
一廣瀬自《じ》こく(4)と申人より、エレキテ
ル(5)差越《差シ越シ》(6)見る、四百両と云
一髪結候
一昨日兵隊之者抔髪を切候
ても不苦旨申聞候処、追々
髪を切《切ル》、尤《モットモ》いわへ《結ワエ》(7)は致候事、
所詮戦場ニてハ、髪ハ切髪
ニ無之て、不相成と存候
一夜食二盛
一山下開雲出、色々咄、此間内《ウチ》
大坂へ用事有之、参居《参リイ》
候て、昨日か帰候由
一同人咄ニ、伏見辺ハ多人数
徴兵出居《デオリ》候由(8)、會津の船が
大坂へ参候と申ハうそニて、

（1）天皇の東京行幸。宗城は側近として供奉。
（2）宗城は議定の身にありながら旅宿での宿直（とのい）をした（『宗城御日記④』に記載）。
（3）天皇。
（4）京都の医学者、広瀬元恭か。
（5）摩擦静電気による治療機械。
（6）持ち込み。
（7）結わえ。
（8）次第に天皇直属軍が増える。

長州の船二船、兵庫へ
参候を會津の船間違《船ト間違エ》
さふどふ《騒動》の由
一同人も、京都永逗留、閉口
之様子、実ニ京都ハいやな
処也、是より讃州へ又参候旨
一七ツ半過御帰
一茶給
一弥三郎出、色々咄
一今夜ハ御休息御用捨《容赦》、明日早
朝より石山へ参候ニ付て也
一御休息より御肴頂候ニ付、酒少
々用
一五ツ過寝
同三日晴
一六ツ前目覚
一朝飯二ツ
一六ツ時供揃ニて、三井寺より石
山方へ遠乗ニ参
一路すじ、左の通り
一三条通り橋渡る、夫《ソレヨリ》ケアゲ《蹴上》、
日の岡、大津宿《大津ジュク》手前より左
え、小関越こす
一三井寺へ参
一眺望《チョウボウ》宜し
一弁慶引摺鐘見る、片く《かたク》
すれ《ズレ》、いぼ《疣》《ママ》のも少々のき(9)居候
一少々ひびき有之（われ候を龍宮より龍毎夜参なめて付候由）
一三《みつ》の井と申堂の中ニ、岩
合水の溜居候処有之、夫より
龍宮へ続居候と申説
之よし
一湖水広き事、海と外《ホカ》不《思》
被《ハ》思《レズ》、皆々始て見候人ハ仰天
致《致ス》
一此処よりハ八景外《ホカ》(10)、不見得
一夫より、しバや《芝居屋》まちと申遊女
居を通る、せまくハ候得共、き

---

(9) 鐘の片面は崩れ、イボも少々とれて。
(10) 近江八景などは。

れゐ之事
一大津の町、余程広きもの
ニてたまげ申候、一躰りつ
パ、人も至《イタツテ》て、婦女抔うつく
しき人も見へる、京都より
人物よ程よろしそふに
ミへ《見へ》る
一膳所《セヽ》の番所通る
一石山迄、存外遠く候事
一石山へ参、所々見物
一紫式部源氏の間、わづか三畳
敷、此処ハ古より其侭、外ハ焼《焼ケ》、
足利時分か建替候由、後《ウシロ》の板の
間ハ、淀君建立のよし
一堂の前之石ハ、自然の大石拵候
様相成居候、妙《ミヨウ》也
一紫式部真筆物、硯抔有
之、古物也
一湖水の方、眺望致《致ス》

一無存掛《ゾンジカケナク》(1)、ひよふたん(2)を誰か
気がきゝ、持参候ニ付、こすい《湖水》を
ながめながら三杯のむ、九太夫
始へも遣《遣ワス》
一夫より帰り路、処々だくのる(3)
一ぜゝ《膳所》の坂本屋九右衛門と申所、石場
より少々
石山の方へより候処の茶屋へ休《休ム》
一弁当、酒用ゆ
一鯉のこく《濃》しよふ《漿》(4)刺身抔給《タベル》、九
太夫、右近も酒遣
一此所眺望よろし
一無程立
一此処より町続
一又々遊女丁《マチ》有之今朝通り
か所とハちかい《違イ》候此処ハ格別
きれゐにハ無之候
一京都ニてハあまり鳴物抔
致居候処ハ無之処、当所ハ

---

(1) 思いがけなく。
(2) 瓢箪酒。
(3) 足早に馬を駆ける。
(4) 濃く仕立てた鯉の味噌汁。鯉濃（こいこく）。

【史料】伊達宗徳公在京日記

今朝も夕方も三味せん《線》、太こ《太鼓》の
音致居候
一大津之宿久々にて通る
一本陣ふしん《普請》(5)、
御東行ニ付てかと存候
一日の岡方へ参る、左ハ伏見
一途中折く、たく(6)
一蹴上ケ、井筒屋一寸休
一二階ニて、とこか《ドコカ》の士さわき居候、
さミせん《三味線》も弾《ヒキ》、子供おとり
をおとる《踊ル》見へる
一無間立《マモナクタツ》
一参かけ(7)之通り帰る
一七つ半過帰る
一入湯
一今日ハ天気、大ニよきうんどふ《運動》
ニ相成候、しかし久々の遠
馬、大ニくたびれ候
一冨田鑛之助(8)より、東京八月十
九日立飛脚、差越候処、同
人も八月十五日江戸着、廿
日江戸出立、奥州方へ罷越
候由申来る、道中遠州(9)
より西ハ大洪水ニて、畑の中を廿
丁余も、船ニて行、勿論往来
は所々船渡《フナワタシ》、川支《カワササエ》など有之由
一五ツ前御休息へ出
一今日之帰、不入御聴《オミミニイレズ》ニて、いかな(10)
帰り無之《コレナク》、遅き事と思召
居候(11)よし、治左衛門より入御聞(12)、
直ニ御沙汰相成《オ沙汰ニアイナリ》、出《デテ》(13)大わらい
一図書出居候
一治左衛門も出
一内蔵、一昨日にハかニ《にわかに》目まい致《イタス》
一旦ハ大ニ気遣《キツカイ》候処、追々宜《ヨロ》
敷《シキ》処、今日ハ又少々けいけん致《経験致シ》、又
々気遣候得共、大てい《大抵》(14)気遣候
事ハ有之間敷よし

---

(5) 普請。
(6) 跑足で走る。
(7) 行きがけ。
(8) 二〇頁注（5）参照。
(9) 遠江国（とおとうみのくに）、静岡県西部。
(10) いっかな。
(11) 宗城が心配した。
(12) 宗城が聞いて。
(13) 宗徳が宗城の部屋に出て。
(14) 大抵、おおかた。

一色々御咄申上ル
一四ツ前頃下る、直ニ寝
同四日晴
一例刻目覚
一朝飯三ツ
一反物《タンモノ》(1) 色々見
一御休息へ出
一四ツ時御出
一老若目見
一役人出
一扇子団扇《ウチワ》の類出見《デテミル》
瀬戸物差出見
一九ツ頃ビイル給
一昼飯三ツ
一国八月廿日立飛脚相
達、御書被成下、難有奉拜
候、先以、
御二処様(2)被為揃《揃ハセラレ》 倍《マスマス》 御機
嫌克《ヨク》、被遊御座《御座遊バサレ》、恐悦至極。
御目出度奉存上《存ジ上ゲ奉リ》候
一国中静寧、安悦仕候
一於休息所(3)、八月十三日夜男
子出生、至極丈夫ニて無《申シ》
申分《分ナク》肥立(4)、秀(5)ニも申分
無之肥立《ヒダチ》(6) 候由、出生(7)も
前様(8)より名武四郎(9)と御
附被下、重々難有、目出度
安悦致候、男子ニて別
して大慶存候
一飛脚通達見る、入相頃迄
一暮前、夜食三ツ
一又々、用場日記抔見る
一瀬戸物も見
一五ツ前、酒用ゆ
一弥三郎、孫之丞、酒遣《ワス》、色々
咄
一傳藏、弥之助、司馬(10)、酒遣
一四ツ過(11)御帰り、今日ハ興正寺《こう志ようじ》(12)

（1）和服の織物。
（2）宗紀と正室観（みよ、宗徳の生母）。
（3）宇和島の。
（4）生後の成長。
（5）武四郎生母、宗徳側室。
（6）産後の回復。
（7）生まれた子供。
（8）宗城。
（9）宗徳四男。別に一家を立てた。
（10）小波権右衛門嫡男の司馬か（『由緒下』三二六―三二七頁）。
（11）夜の十時過ぎ。
（12）西本願寺脇門跡。門主は華園摂信（はなぞのかねのぶ、本寂）、宗城とは特に親密。

西本願寺之事也、右へ被為入《入ラセラレ》
候事
一同刻寝
同五日快晴
一例刻目覚
一朝飯二ツ
一老若出
一追々役人出、診順庵
一せ戸物、反物見
一四ツ過、御休息へ出
一無間、御参　内
一用場へ参
一色々用有
一九ツ前、帰坐
一刀手入致
一昼飯四ツ
一又刀手入致
一清水焼《キヨミズヤキ》見る
一髪結候事

一七ツ前、御帰り、直ニ七ツ打(13)
一入湯致
一夜食二ツ
一写真見、小姓其外皆々写
真為致《致サセ》(14)候様子、此頃はやり、
中にハ余程能《ヨク》出来居候
一小姓出、色々写真の咄致ス
一六ツ過、御休息へ出
一図書出、但馬出、色々咄
一五ツ半過下る、直ニ寝、今夜
ハ相応大酔
同六日晴
一例刻目覚
一朝飯二ツ
一家鴨鳥屋より、為差見《サシ見サセル》る、中
ニて宜敷鳥二羽留《トドメル》る、一羽ハ
大屋形様より頂戴、御生身出《出ス》(15)、
御答礼也
一診天珉

---

(13) 午後五時となる。
(14) 写真を撮らせ。
(15) 捌いた肉を宗城に差し上げた。

一伊井《ママ》掃部頭殿(1)被参逢、暫
時咄致、大《ママ》屋形様も御逢
一右咄ニ、彦根方も、春以来大
洪水ニて皆無同様、城内へも
余程水込《水入込ミ》ニ相成、国中難澁
不一方《ひとかたならず》、未《マダ》水も引不申処
多く、当感《惑》至極之旨咄被致
候、其上所々の出兵最早取《トリ》
続かたく《続ケガタク》旨、尤と存候
一無間被帰、式台(2)迄送る
一用場へ参
一九ツ前帰坐
一役人代る〲出、目見《メミエ》ばかり也
一昼飯三ツ
一御休息え出
一於初殿被参
一風砲(3)ニて御庭ニて小鳥打《打ツ》、不中《アタラズ》
よふ〲せきれ(4)一羽打
一八ツ前出坐

一都築荘蔵横濱より帰、越後の
方ハ大ニかた付候由、會津へ追
々詰かけ候よし
一奥州(5)ハ只今之処ハ、少々勤
王之志も出来候様子之趣(6)
一羽州(7)ハ余程敵勢つよく、庄
内方至て六ケ敷よし、最
早雪ニ相成可申、甚《ハナハダ》難澁
之物也
一徳川の蒸気船も何れへ
参候や難分《分カリガタク》、新《にい》かた《潟》はこだ《箱館》
てへも不参よし
一えぞ(8)へ、サトウ(9)其外御役人
も、おろしや為応接《応接ノタメ》参候
途中、箱館《はこだて》少々先ニて、大
風ニ逢、難船致《致ス》、あふなき
事、船ハ岩ニあたり破
そん《損》いたし、よふ〲人ハ皆々
無難ニ致助命《助命致シ》候よし、

---

(1) 秀宗の室は井伊直政の女で井伊家とは特別昵懇。本叢書第一、二巻参照。
(2) 表玄関の広間。
(3) 空気銃。
(4) セキレイ。
(5) 八月初旬までには官軍は長岡城を奪還して新潟を占領し、二十三日には会津若松城攻撃を始め、二十八日には米沢藩が降伏の意を表明していた。
(6) 仙台藩でも新政府軍に同調する動きがみられる、との荘蔵の報告。
(7) 秋田方面。
(8) 北海道
(9) アーネスト・M・サトウ。英公使館通訳官、慶応二年末宇和島に来航。

甚あやうき事也
一荘蔵も此度ハ船ニて帰候
よし、参掛《マイリガケ》東海道大
洪(10)ニて所々畑の中を船
わたし、橋も落居候て、
御東行迄ニ直リ候得ハ
よろしくと存候
一井関齋右衛門(11)ハ至て《至ツテ》りつ
ぱの事ニて、大名位の由、
あまり身分重く相成、外
出も容易ニ不出来、迷
感《惑》之趣咄
一昼飯三ツ
一ビール給る
一結城筑後守被参、居間ニて
逢、暫時咄、同人も今度
御親臨(12)御供のよし
一茶給
一少々せなかをたゝかす
一本など見る
一六ツ半頃御休息へ出
一初姫殿今夜ハ一宿被致《致サレ》、ゆる
ゆる吸物酒上ル
一松の供ニて出、御盃被下(13)
一おてる、栄浦例之通り
一五ツ過出坐、直ニ寝
同七日雨
一昨夜九ツ半頃出火之様
子、かね《鐘》をつき候ニ付、火の
見へ為上《上ラセ》候処、御所の方ニ
当り見へ候よし故、直ニ
参見《参リミ》候処　御所よりハ余
程遠く見へ候得共、丁
度　御所の通り故、火元
見など出し候処(14)、下加茂
之辺のよし、無程きえ
る
一当地ハ火事ニても、誠ニ静《静カ》

(10) 大洪水。
(11) 慶応二年御目付、元締兼帯（『由緒下』三五一頁）。神奈川府判事（『補任』一四六頁）。
(12) 天皇の東幸。
(13) 初姫が松をお供として宗城へ出、お酒を賜った。
(14) 火事見を派遣。

ニて、火消出候様子無之、かね
も一ケ所ばかりニてつき候
一最早消火いたし候ニ付、火の
ミ(見)より下リ、寝
一例刻目覚(1)
一朝飯二ツ
一火の見へ上り所々見
一今日士分兵隊、北野の辺へ
参候よしニて出《デル》
一五ツ半過下《おり》る(2)
一用場え参
一四ツ過御休息へ出
一山口内匠被参
一御用談ニて被参、暫時御談し
一江戸よりも使有之、皆々勇間
敷よし也
一無間被帰
一大屋形様御参内
一加藤遠江守(3)殿被参、此度上京
之よし、閑暇なれハ対面
致度旨ニ付、直ニ客坐敷へ
参逢候、初て也、色々咄、当春
以来の挨拶厚被申述
一無程被帰
一ぬぐい《拭イ》板(4)迄送
一司馬、時計抔見
一昼飯四ツ
一昨夜火事ニて夜中起《夜ジユウ起キ》、ねむ
く相成、少々眠
一反物類見
一今日軍務官より公用人御呼
出ニ相成、登(5)出候処、箱館《はこだて》へ
人数五百人出張被仰付候(6)、
追々寒さにむかい渡海難《とかいなん》処
之場所、当惑いたし候、兼て
食糧不足と申候所(7)、又多人数入
込候てハ、弥《イヨイヨ》飯米ニこまり候義
と存候、廿藩程も被仰付候

---

(1) 深夜に火事見物で二度寝。
(2) 火の見から降りる。
(3) 九頁注(7)参照。
(4) 御式台の手前の拭板敷。
(5) 大西登、宇和島藩公用人。
(6) 越後出兵と称してぐずぐずしている間に箱館出張命令が出た。
(7) 藩当局の見解では、大村益次郎が宇和島藩は箱館出兵に及ばず、とした根拠の一つが箱館での食糧不足だった。

由也(8)
一艦は自分ニてさい《才》かく《覚》致
候様との事、至急との御沙
汰、艦もふつ《払》てい《底》と存候
一茶給
一入湯致
一夜食二ツ
一武鑑なと見
一下緒《下ゲ緒》(9)色々出させ見る
一先刻御沙汰の出兵之
義、至て当惑之わけ合ニ
て、可討《討ツベキ》べき《ママ》敵も不分、艦
もかり《借リ》舫《モヤイ》、(10)其上目あても無、
兵粮も無之、迷惑至極
ニ存候
一御休息え六ツ過出
一図書出
一色々御咄、箱館出張之抔《ママ》御
咄、是非出張いたさねば、い
けそふもなき様な御意振《ギョイ振リ》(11)
一於初殿ニも、今夜ハ帰之都合、
例之通りはん臺(12)ニて
御酒上ル
一長尾出る、今日逢旁参《逢イ方々参リ》候也
一其外おてる、栄浦例の通り
一孫之丞出
一五ツ半過頃出坐
一直ニ寝

同八日陰晴又俄ニ満天如墨雨

一例刻目覚
一朝飯二ツ
一診玄仲
一用場え参、色々用有
一箱館出兵之義、色々評
議も致候得共、所詮寒海、
渡海難出来、且兵粮無
之、柳澤勝次郎抔も此間
迄、彼方近辺ニも居候故、様

---

(8) 実際は宇和島、福山、美濃永井（永井は出ず、越前大野藩が出た）の三藩（『戊役史下』六九四―六九五頁）。
(9) 日本刀の鞘に付け刀を戦陣用に吊す紐。出征の準備か。
(10) 催合。二つ以上の藩で艦船を都合し合う。
(11) 宗城は箱館出兵を主張。
(12) 九頁図参照。

子尋候処、先達ても蒸気
船ニ艘少々風吹候処、陸
えいかり《錨》のくさりを吹きり《切リ》、
被打揚《打チアゲラレ》候位、所詮冬海《ショセンフユウミ》、渡
海難出来《出来ガタク》、其上もとより
米の無処へ《無キ所へ》、多人数入込候て、
自身兵粮せめ《責メ》いたし候も
同断之事と、如何ニも
考之無事《無キコト》と、一同かてん《合点》
行不申と、評し候位也、
乍然、御沙汰之事故、先《マズ》
其手筈ニ致置、早々吟味の
積《ツモリ》、又其内ニは何等替候か
も不知
一四ツ過、御参　内
一又用場へ参
一最早用向も少く、九ツ前帰坐
一昼飯四ツ
一下緒之類見
一あひるの毛を《ママ》
一にしき絵のはんじも《判ジ物》
のみる
一あひるりよふり致《料理致ス》
一明日参　内ニ付髪直ス
一今日ハ御用多ク、御供帰りニ相
成、六ツ半頃御迎《むかい》ニ出候様との事(1)
一大西登軍務官へ出兵
之義ニ付、為問合参《問イ合ワセニ参ラセ》候処、罷
帰候ニ付呼尋ル、是非早々
出兵ニ相成候様との事、其
内《ウチ》、同様被仰付《同様ニ仰セツケラレ》候内、永井
能登守(2)、阿部福山也(3)、右へ
ハ船も相渡しニ相成候故、直
様出張之含、大ニ勢の様子、
当家へは船御渡し無
之故、船無之内ニは、又何等
替り候事も有之べくや、御
用捨(4)筋かも知不申《知レ申サズ》との考

（1）今日は宗城が多忙で供を一旦返したので、七時頃迎えを寄こすようにとのこと。
（2）加納藩主・永井尚服（ながいなおこと）（『補任』二九一頁）、肥前守。永井能登守は永井尚志の養父で別人（『補任』七一頁）。加納藩がこの時出兵した事実はないようだ。福山と出兵したのは越前大野藩である（『戊役史』六九三―七〇四頁）。
（3）福山藩主・阿部正桓（あべまさたけ）。
（4）北海道出兵の免除。

も有之、しかし是迄一向御人
数出居不申故、是非早〳〵
出兵無之てハ不相成と申様
の軍防人之口振(5)之由、如何
之事哉不相分
一酒用ゆ
一登、弥三郎、孫之丞、酒遣《遣ス》
一あひる、側《ソバ》ニてにる《煮ル》、風味宜《宜シ》
一八ツ時(6)御帰り、余程おひま
(7)入候
一同刻寝
同九日
一例刻目覚
一朝飯二ツ
一のし祝
一診順庵
一重陽《チヨウヨウ》(8)ニ付、五ツ半時供揃ニて
参　内致《致ス》、衣冠也
一諸侯皆参内、御仮建《オカリダテ》(9)へ控《控エル》

一重陽御祝儀、改元(10)御被仰《オン仰セイダ》
出候《サレ候》御歓《オヨロコビ》申上ル旨、以御使《オ使ヲ以ツテ》
申置候処、最早弁事
之謁《ゑつし》も無故《ナキユエ》、勝手ニ退出
致《致シテ》宜敷旨ニ付、追て退出
之人も有之、最早可下《サガルベシ》と
存居候処、弁事被出《出ラレ》、当
番之衆謁し、引続
改元御祝儀可申上旨ニ付、
讃岐守(11)、私、戸田丹波守(12)三人
謁候事、大ニ不都合之事、
御使番《御使番へ》、右之趣申聞《申シ聞ケ》候所、
宜敷御坐候旨也、一向未《イマダ》
御規定不相立、御不極《オフキマリ》り
之事ニ候
一夫より又、色々こんさつ《混雑》、讃岐
ハ今日御暇、大洲ハ供奉(13)
被仰候、御礼ハ別謁か《ガ》ある
と云事、又無と云、不相分

（5）話しぶり。
（6）深夜の二時に宗城帰館。
（7）時間を要した。
（8）陰暦九月九日は重陽の節句で宮中では観菊の宴が催された。
（9）諸侯・藩士の参内増加に対応するために設けられた「鶴之間」に隣接する部屋（『王政復古』一一二頁図、一二五―一二六頁）。
（10）慶応四年九月四日に明治に改元。
（11）一二二頁注（6）参照。
（12）松本藩主・戸田光則（とだみつひさ）。北越・会津戦争に参加。
（13）伊予大洲藩主・加藤泰秋は天皇の東幸に供奉。

処、とふ〳〵なしニ相成
一大宮御所へ相廻り、当日御祝
儀、改元(1)同断申上、直ニ退
出
一途中ニて高松三位(2)出合、会《ヱ》
訳《志く》(3)いたし候様との事故、
彼方歩行故、駕《カゴ》より出、会
しく《ママ》(4)いたす
一九ツ前帰る、直ニ《スグニ》九ツ也(5)
一昼飯五ツ
一髪直し候
一治左衛門、弥三郎より小鳧《カモ》小鳥
上る
一昼寝致
一七ツ半過、肥前(6)被参
一客坐敷ニて逢、色々咄、無
間御休息へ同道(7)
一一寸出坐致《致シ》、夜食給る《食ベル》二ツ、
直ニ御休息へ参る

一暮頃より酒上ル(8)
一色々咄、肥前よりも、下野《シモツケ》、奥
羽辺、多人数の出兵之由
一秋田辺、一旦ハ官軍人数
少之《少ナノ》処へ、敵兵多く余程
六ケ敷、官軍も度々敗軍
いたし候処、此頃にてハ追
々官軍人数増《増エ》、勝利も
有之候由
一肥前供用人《供ノ用人》濱野某出、(9)
藤左衛門と申人の孫之由
一其外、例之通り
一四ツ前被帰(10)、今夜ハ余り酒不《飲マ》
被給《レズ》、此前ハ馬ニて余程あふ
なく、よふ〳〵脇よりおさへ、帰り
候よし、今夜ハ駕ニ致由
一同刻過寝
同十日晴陰不定
一五ツ頃目覚

---

(1) 改元のご祝儀言上。
(2) 公家(羽林家)、高松保実(たかまつやすさね)(『人名』)。
(3) 会釈のまちがい。
(4) 会釈。
(5) すぐに昼十二時になる。
(6) 佐賀藩主・鍋島直大(なべしまなおひろ)、宗城の義理の甥。
(7) 直大を宗城の居室に案内。
(8) 宗城、直大、宗徳の酒宴始まる。
(9) 浜野も加わる。
(10) 直大一行が。

一朝飯二ツ
一箱館へ人数出張ニ付、一先
国へ引取、下の関へ相越、同所
ニて蒸気船を待候様申聞《申シ聞ク》
一同明日、爰元《ココモト》出立申聞る[11]
一診天民
一少々風ひき候様存候ニ付、今日丈
致用心候
一老若始役人、目見出《メミエニ出ル》
一少々こし《腰》たゝかせる
一本見る
一宍戸平六[12]、東京へ今日御先
立、致発足《ホッソク致ス》[13]
一昼飯五ツ
一少々眠る
一腰たゝかせる
一本見
一今朝四ツ過御参　内
一夜食四ツ
一本見
一六ツ半過頃より酒用ゆ
一九太夫、志津馬、酒遣
一今日ハ御退出がけ、肥前
方へ被為入《入ラセラレ》、四ツ前御帰り[14]
一九太夫、志津馬、色々咄
一四ツ過寝
此度改元被仰出、明治と成

明治元年辰九月十一日ヨリ十五日迄
日記[15]

九月十一日
一例刻目覚
一朝飯二ツ
一今朝御参　内、六ツ過也
一診順庵、最早、風邪気《カゼケ》快候
一家老衆目見
一但馬ハ一昨日昼頃より不気
味合之処、中風のかるきの
と申事、足なとも不叶困《カナワズ困リ》

(11) いよいよ明日京都出立。
(12) 御小姓・政太郎（『由緒下』三四二頁）。
(13) 出発。
(14) 宗城は帰館の途中に佐賀藩邸へ寄り、帰館は午後十時前となる。
(15) 手帳第七巻。「十五日迄」となっているが、十四日までである。

候事、しかし軽き事故、
追々にハ、ゆるみ可申かと
申事候《申ス事ニ候》、何卒以前之
通り相成候得ハ宜敷と存候
一今日急ニ別便を立候間、飛
脚認
一図書、出雲、度々出(1)
一昼飯三ツ
一三輪清助(2)只今致着京《着京致ス》
致《ママ》、早速逢、御機嫌(3)も委
細相伺、益《マスマス》 御機嫌能《ヨク》被遊
御座、恐悦至極、御伝言(4)も
被成下、難有奉存候、国中
清寧之由、安心致候、色々
咄致
一山口内匠被参
一居間へ通し逢、暫時咄、
今日は御休日故、少々伺度
義も有之処、御留守之由(5)、
何れ又可参旨、被帰
一明日、兵隊国え出立申付候
一認物致
一忠千代参
一夜食三ツ
一少々桜酒給
一兵隊明日出立ニ付、混さつ《混雑》也
一婦人なと参居候、すきミ《透き見》スル
一七ツ半過御退出
一認物致
一六ツ過御休息へ出
一図書出
一銃頭、明日出立ニ付出、右近も同
断、御盃被下(6)
一治左衛門出
一追々下る
一弥三郎出、色々御咄、御振之処
相成、又、治左衛門出、表役人始
と、御休息女中との忠臣蔵

---

(1) 松根・桜田両家老が、何度も箱館出兵の件で宗城と打ち合わせをした。
(2) 虎之間、御用人格（『由緒下』三九一頁）。
(3) 宗紀の。
(4) 宗紀からの。
(5) 休日だが宗城は参朝。
(6) 宗城へ出て杯を頂戴。

役わり出来候よし、其咄栄
浦致大笑〳〵
一四ツ時出坐、直ニ寝
同十二日雨
一例刻目覚
一朝飯二ツ
一五ツ半過御休息へ出
一御庭ニて、出張兵隊御目見(7)
一無間《マモナク》下る
一四ツ前頃御参　内
一役人出
一今日出張之人数出《ダス》ニ付、佐
竹(8)え自書進るニ付、認候
一昼飯二ツ
一九ツ半時、出張人数式臺(9)
え相揃、目見、自書渡(10)
一門前へ出、拝礼一同筒を
捧《ササグ》、夫より出立、雨ニ相成難儀と存候
一本見

一書物《カキモノ》認
一入湯致
一西洋酒少々用
一夜食三ツ
一六ツ頃御退出
一御休息へ出
一御酒上ル
一孫之丞出
一五ツ時出坐、直ニ寝
同十三日
一例刻目覚
一朝飯三ツ
一御休息御庭ニ五位(11)居、被遊御
打候処、御中《アタリ》無之、御残念之
事也、少々かすメリ《掠メリ》候よし、
御城(12)の方へ二羽飛
一診天民
一但馬様子承り候処、昨日は
大ニ宜敷処、又今朝、左の手

---

(7) 宗城の閲兵。
(8) 秋田第十二代藩主・佐竹義堯（さたけよしたか）。宗徳の後室は秋田第十代藩主・義厚（よしひろ）の女。
(9) 玄関の広い板敷き。訓示、送迎式典に使われた。
(10) 宗徳の閲兵と訓示書下付。
(11) ゴイサギ。
(12) 二条城。

折く不叶《叶ハザルノ事》之事有之由、至
てかるき事ニハ候得共、不面《面白カ》
白《ラザル》旨咄ス、表向ハかるき中風、
内実は不養生よりおこり
し事ならん、との風聞なり
一御休息へ出
一御庭へ参、小鳥心懸候得共、
木高く不打《打テズ》
一四ツ過出坐
一同刻過御参内《ママ》
一真田猪之助、御庭ニて鴨為打《鴨ヲ打タセ》候
得共、不中《アタラズ》大笑ニ致ス
一鉄素(1)ためする
一今日、伏見辺乗廻し致旨、申
出
一昼飯二ツ
一九ツ半頃、出門
一二条通りより、烏丸通りより、
松原、五条、伏見迄
一帰、いなり《稲荷》(2)へ参見る
一帰り道、五条より寺町、又三条え
出、入相前帰
一夜食三ツ
一暮時御退出
一図面見
一加藤遠江守《加藤遠江守ヨリ》焼鮎、蒸菓子到
来、いつでも先を被越、答礼を成《ナス》
一六ツ頃御休息え出
一御酒上ル
一九太夫、與左衛門出、色々御咄(3)
五ツ時出坐、直ニ寝
同十四日朝陰昼後晴
一例刻目覚
一朝飯三ツ
一診泰庵
一用場へ参
一四ツ半前御参　内
一又用場へ参

---

(1)「鉄砲すだめ」(四一頁注(4)参照)。
(2) 伏見の稲荷社。
(3) 宗城へ宇都宮九太夫、加藤與左衛門が出て、一緒に色々お話を聞いた。

一九ツ頃帰坐
一昼飯三ツ
一認物致
一髪結候
一入湯致
一七ツ時、供揃ニて馬ニて土州
容堂別壮《別荘》へ参《参ル》
一少々道を間違、よふく知
る(4)、町人の別壮を借受の由、
三条橋の上ニて加茂川へ
出居(5)、見はらし宜、
誠ニ久々振ニ人通りを見
る
一十年振位ニ逢候
一吸物出
一後藤象次郎《ママ》(6)被参
一大屋形様御出之筈《はず》の
処、少々御風気《オカゼケ》ニて御延引
一五ツ、岩倉殿押懸《オシカケ》ニ被
参候、初て逢候(7)
一色々咄
一容堂へ、御用談有之よし
一五ツ半頃立、四ツ過帰る
一直ニ寝

明治元年九月十四日ヨリ廿七日迄日記(8)

九月十四日晴

一例刻目覚
一朝飯三ツ程
一診泰庵
一用場へ参
一四ツ過御参　内
一又用場へ参
一九ツ前帰坐
一昼飯三ツ《ママ》
一認物致
一髪結候
一入湯いたす

---

(4) 道を間違えたが、なんとか別荘が分かった。
(5) 三条大橋の北側にあって、川床もあったようだ。
(6) 象二郎、土佐藩士、参与、大阪府知事(『補任』一七三頁)。
(7) 容堂方へ予告なく、岩倉具視がやって来て、宗徳は初めて会った。
(8) 九月十四日付日記は既に書かれているが、手帳第八巻は再び十四日から始まっている。

一七ツ時、供揃馬ニて容堂別荘
三条木屋町へ参、少々道を
間違よふ〳〵参《マイル》、町家也
一三条橋少々上至極見晴し
よろし、川え建出し出来、此
間出来上り候趣也
一無間、建出へ案内、容堂と
出逢候
一誠ニ久々降《ブリ》、十年目也、大ニ見
違候、はも《歯モ》ぬけ《抜ケ》あご《顎》の辺、余程
にく《肉》おち《落チ》候(1)
一咄致、此度は供奉被仰付候
得共、病気ニ付第一名代頼(2)、
自身ニハ蒸気船ニて参候よし
一大屋形様ニも被為入《イラセラレ》候筈之所、少
々御風気《オカぜケ》ニ付御断ニ相成
一後藤象次《ママ》郎致挨拶、私
同位《オナジクライ》(3)の人也、土州旧《キウ》藩故、家
来之通り(4)

一暮頃より吸物上ル
一此所夏ハ余程涼しく可有
之、此頃すずし過候位、至て
見はらし宜敷、久々居な
がら人通りを見候、月正
面之山(5)より出
一急ニ有馬(6)を申遣候様子の
処、未帰無之趣、旅宿は智《ママ》
恩院ニて近き所之由、軍
務御用と相見へ申候
一夜ニ入り岩倉より使者参、最
早
御東幸御日合(7)も無之、御用
談有之ニ付、差支無御坐候ハバ、
可被参旨申来ル(8)、差支無之
御出可被成旨、返答之様子
一未《マダ》私ハ一度も不逢、丁度能《ヨキ》都
合と存候
一五ツ頃岩倉被参

(1) 老化だけでなく、重症の顎骨髄炎の後遺症のためと思われる。
(2) 名代を立てた。
(3) 年齢が。宗徳は文政十三年、象二郎は天保九年生まれで八歳の開きがある。
(4) 今は政府の要人だが、旧土佐藩士なので臣下の礼をとる。
(5) 東山。
(6) 有馬頼咸。二八頁注(3)。
(7) 日数。
(8) 先の十四日記事の「押懸」ではなかったようだ。

一初《初メテ》岩倉へ逢色々咄
一酒も能被給《ヨクノマレ》候
一御用談ニ付、二階へ被参候
一追々酩酊ニ相成、未御用談中
ニ付、暇乞は不致候得共、先へ
帰り候、象次郎《ママ》らへ宜敷頼置候
事
一四ツ頃帰館
同十五日晴
一例刻目覚
一朝飯二ツ
一今日飛脚ニ付認物致
一診順庵
一家老衆目見《メミエ》、役人出
一おしと《ど》り料理致し、昼飯
ニ鍋焼ニ致給《致シ食ベル》る、風味よろしく、
六盛程給
一出雲より、真鴨致献上
一飛脚仕舞、下る《サゲル》

一御休息へ出《出ル》、今日ハ少々御風
邪気ニて御不参
一尤、御当分之(9)御風ニて、御薬も御
手元ニて被召上、醤《醫》者よりハ不上《上ガラ》
上位《ザルクライ》、御手製のかミるれ《カミルレ》(10)被召上候
一御庭へ参、二三べん歩行
一八ツ過頃、出坐
一かも料理致ス
一本など見る
一夜食三ツ
一六ツ半過、御休息へ出
一今夜ハ御床ニて、御酒被召上
一清助出、色々御咄申上ル
一栄浦も少々不気味合《氣味合ハズ》(11)、引籠居
候、格別之事ニハ無之よし、三月
程めぐり(12)、留まり居候処、昨日俄《ニワカニ》
余計有之、まだ今日も有之
由也、余り毎年故、何れ内(13)
えも少しハ障可申哉、と存候

(9) 一時的な。
(10) 解熱剤として用いたキク科の生薬。
(11) 気分が悪い。
(12) 良くなったり、悪くなったりする。
(13) 体内、臓器。

一五ツ時出坐、直ニ寝

同十六日晴冷気

一例刻目覚

一朝飯三ツ診天民

一用場へ参

一御東幸色々用有

一大屋形様ニも、何も為差《サシタル》御義ニも不被為在《アラセラレズ》、少々御はな御せき被為出《出サセラレ》候、全く御当之《オトウノ》(1)御風之よし、しかし御発輦前故、御用心、今日も御不参御養生被遊居候

一大屋形様今日別段被為《召サセ》召《ラレ》候処、御風邪気故、御断被　仰上候

一南御殿(2)奥女中、大坂へ着之よし申越《申シ越ス》、明日は当地え一旦、罷越《罷リ越シ》候様申来る

一九ツ過帰坐

一認物致

一昼飯三ツ

一御休息へ出

一御風気《風邪気》、大ニ御快方、昨日よりハ御はな《洟》も不出由也

一八ツ半頃出坐

一鳧《カモ》料理致

一大屋形様御用狩衣地《カリギヌジ》(3)并ニ《ナラビ》御本之絵など見る

一大坂町人井上市兵衛より、両殿え掛物三幅対《サンプクツイ》、藍江(4)画致献上、右ハ此度扶持方増遣候礼也

一大屋形様へも同断、致献上

一画同人、中日、右桜ニ四十から《シジユウガラ》、左竹ニ雀なり(5)

一御東幸日合《ヒアイ》(6)無之、御次向《オツギムキ》(7)御多用ニて、混ざつ《混雑》いたす

一茶給

---

(1) ありきたりの。
(2) 宇和島御殿の奥御殿。
(3) 宗城の狩衣の生地。
(4) 江戸中期大阪の絵師。
(5) 藍江の三幅対は、中の軸が日輪、右が梅に四十雀、左が竹に雀。
(6) 日数。
(7) 宗城居室の次の間。

一軍務館《官》より御呼出し二付出
　候処、箱館へ兵隊出張被
　仰付置候処、又津軽へ応援《おゝゑん》
　被(仰)付、殊に寄《事ニヨリ》箱館へも出張
　之心得之趣、御達相成(8)
一右二付考候ニハ、若哉《モシヤ》此度津
　軽と南部と大戦二相成候は、
　兼々敵　国《なかのわろきくに》故、何等内輪の
　之《ママ》私　闘《志ぢんのけんくハ》(9)にハ無之哉、と存候
一夜食五ツ
一絵図見る
一津軽も矢張、佐竹《同》どふ系
　候てハ不相分、北海の方順路
　と存候(10)
一暮頃図書出、出雲呼表ニて酒
　遣、出雲ハ明日出立也(11)
一清助も同断二付、呼盃遣、明日
　朝早く出立之よし
一三蔵、孫之丞、盃遣
一其外小姓も出
一色々咄致
一追々皆々下る、四ツ頃寝
同十七日陰
一例刻目覚
一昨夜五半頃、弁事より御達、明十
　七日午半刻参
　朝可仕旨、因州(12)島津(13)私也
一朝飯二ツ
一髪結候
一桃井春蔵(14)上京致、伺機嫌ニ《機嫌伺イニ》
　出候処、丁度髪中、参　内
　前取込居候間、明日七ツ半頃参候
　様申聞る
一御休息え出
一御風気《御カぜケ》、御快方也
一無程、出坐致
一九ツ前、昼飯三ツ
一同刻より、供揃参　内

---

(8) 九月十六日の時点で宇和島兵出張の重点が箱館でないことに注目しておきたい。
(9) 私怨による喧嘩。
(10) 津軽も佐竹と同族ではないのか、まだ、北海道出兵の方がよい。
(11) 江戸へ向かって出立(「備忘筆記」九月七日記事」)。
(12) 鳥取藩主・池田慶徳(いけだよしのり)、議定。
(13) 佐土原藩主・島津忠寛(しまづただひろ)、淡路守。
(14) 幕末大阪の剣術家。

一未《マダ》九ツ過ニて、御用　召之人一人も
出居不申、伊井《ママ》伺
天機、其当番之者、私用ニ出居
候者有之候
一御用《欠字》　召之人々、追々出
一加藤遠江守、嶋津淡路守、○伊達諦《鍗》
之助と順々出、○秋元刑部大輔(1)
一因州(2)も御用召ニて、御断無之
処、未出不申、近頃病身ニ相
成候故、御断ニ可有之なと評
し居候
一当番之人、私用之人共、追
々下る
一因州漸八ツ半頃出
一同人も昨年ニ大病後、兎角
はかく〱(3)無之よし、足なとも不《宜シ》
宜《カラズ》、長坐難澁之趣、歩行も誠
ニそろく〱あるき《歩キ》、息もきれ候
由、飯は一日ニ一度給候事も有之、
又終日一粒も給《食べ》候事、無之日《コレ無キ日》
多由《多キ由》、左様なれハ酒でも上り
候や、酒ハ随分給候《飲ミ候》と咄申候
一大蔵大輔(4)、有馬抔逢候
一秋月右京亮(5)へも逢候
一七ツ成ても、また御用不始《始マラズ》、半ニ(6)
成ても未始不申《マダ始メ申サズ》、ぶらく〱所
々あるき廻る
一青龍殿之御庭ニ、綾竹、呉服
竹有之、其根を因州取候故、
私も取
一御あかり付《付イテ》(7)、相始るニ付、こち
らへまハり候様、非蔵人申聞
る
一私、島津ハちよふず(8)ニ参候、因州
始ハ先へ参と申参《申シ参ル》
一ちよふツ仕舞《シマイ》(9)、出候と、非蔵人
私御誘を致候ニ付、こちらへ参
と申《申ス》、跡の御方ハとちらへ参

---

(1) 秋元志朝（あきもとゆきとも）、前館林藩主。奥羽戦争で官軍として戦功をあげた。
(2) 七三頁注（12）。
(3) 「はかばか」。
(4) 越前藩隠居・松平慶永（春嶽）。
(5) 三九頁注（11）。
(6) 七ツ半、午後五時。
(7) 暗くなって。
(8) 手水、小用をすませて。
(9) すんで、

候やと云《(非蔵人)ガ云ウ》、先へ参ると云て御廊
下の方へ参候と云《(私ガ)云ウト》、非蔵人夫《ソレ》は
不都合、先《マズ》こちらへと申《申ス》、
紫宸殿うら廊下より、小御所
御廊下へ案内致《致ス》、其内皆々
向《向コウノ》の廊下より参
一小御所え一同罷出
一堂上、諸侯、順ニ坐着
一出御《シュツギョ》有之、一同平伏
一中山(10)より演達、此度
御東行之一条ハ、実ニ不容《容易ナラ》
易《ザル》御事ニ候得共、民生御ふい
く(11)是又御大事之義、不被《ヤムヲエ》
得止《ラレズ》被遊
御東幸候、御留守ニハ、
大宮御所ニも被為在候事故、
別して御案事被遊候ニ付御
留守中尚出精致し候様と
の御主意の様、伺候得共、遠
く、且小音ニて、伺取兼候、右は
跡より書面ニ致《致シ》、廻し候はづ《筈》也
一夫より、御からかミたち候(12)
一皆左右向合、余り候分ハ、御
縁坐処(13)へ着坐
一御酒饌(14)出
一皆々拝味致
一又々
出御《シュツギョ》被為在、
天盃を賜り候、御盃之前え
出、一献宛頂戴《頂戴シテ》下る、御盃は
不頂、御酒ばかり頂候(15)
一暫時致《暫時致シ》、
入御《ニュウギョ》相成
一中山より、御用被為在《アラセラレ》候間、
入御《ニュウギョ》相成候、御餕《シュン》(16)御肴被下候
ニ付、緩々《ユルユル》頂《イタダキ》候様被申聞《申シ聞カサル》
一難有旨御礼申出、夫より勝手ニ
頂《イタダク》

---

(10) 公家、中山忠能。
(11) 撫育。
(12) 唐紙障子を閉じた。
(13) 縁側の席。
(14) 酒肴。
(15) 天盃はもらわず、お酒のみ頂戴した。
(16) お残りもの。

一堂上方《トウシヨウガタ》被参、盃の取遣《取リ遣リ》、酌を
被致、色々咄抔《話ナド》被致《致サレ》、
弁事衆ニも、御亭主方(1)ニ
て酌被参候、秋月(2)、中川(3)なと
も御亭主方也
一堂上方代る〳〵被参候得共、能《ヨク》
名を覚不申候
一堂上方ハ能々《ヨクヨク》御肴を被給候、私共
ハ余り恐入候様存、得給不申《ヨウタベモウサズ》候
一中にハ相応被酔候人も有之
一因州も相応酔候
一皆々、追々被下候人も有之
一島台(4)に建有之花《建テコレアル花》頂戴致《致ス》
一盃、堂上方より被廻候、是ハ御頂戴
被成候様申聞候ニ付、御猪口《オチヨコ》も有
之候故、御猪口之方が大く《大キク》も
有之、宜敷と存居候処、島
津も御猪口之方が望の様
子故、為見合居《ミアワセオリ》候処、赤い方
がゑい《良イ》〳〵と被申候故、私ハ御
盃を頂候事
一夫より追々下る
一議定被居候処へ参《参リ》、今夜の
御礼申上ル
一又、弁事被居候ニ付、右へ御礼申
上る、最早勝手ニ退散ニて宜敷
旨ニ付、退散可致と下リ《サガリ》かゝり候
処、又少々控《ヒカヘ》候様、右訳ハ今日御酒
饌被下置《下シ置カレ》候御主意申渡有
之候得共、能相分りニも相成《アイナリ》
間敷故《マジキユエ》、書面ニ致《イタシ》可相渡
旨也
一休息所ニて控居候処、千種(5)
被参、只今申候御書附ハ急
ニ出来兼候間、跡より相廻し候
旨ニ付、直ニ下る
一五ツ半頃帰館
同十八日晴

---

(1) 接待方。
(2) 高鍋藩世子、秋月種樹、弁事。
(3) 岡藩主・中川久昭(なかがわひさあき)(『人名』六九三頁)か、その嗣子、久成(ひさなり)か。あるいは軍務官判事・中川元績か(『人名』六九三頁、『百官』三四五頁。)。
(4) 台に乗せた飾りもの。
(5) 五〇頁注(3)参照。

一例刻目覚
一朝飯二ツ
一診順庵
一用場へ参
一四ツ過、御休息え出
一無間、御参　内
一昼飯三ツ、ビール給《ノム》
一登(6)ヨリツグミシナイ(7)上《タテマツル》ル
一右(8)毛をぬき候
一入湯致、六ツ前御退出
一六ツ前頃、桃井春蔵出
一直ニ呼、色々咄致、誠ニ久々
ニて逢、互ニ大慶色々咄致
一吸物上《アガ》ル
一盃遣《ツカワス》
一久々故、志津馬、其外門人
抔呼、門人ハ小姓内の門
人也
一治左衛門呼、酒遣
一春蔵も不相替、丈夫少しも
替《変ワリ》無之候
一大坂ニて東照宮御能舞
台有之、夫を拝借致シ、
稽古相始候よし、春蔵
も不相替、三十人位ハつづ
けて受候よし、(9)うで《腕》など
ふとき事、つめられ《抓メラレ》もせぬ
位也
一四ツ半頃咄、酒不相替強候、
殊の外難有狩り《アリガタガリ》候
一同刻過下る
一直ニ寝
同十九日晴
一例刻目覚
一朝飯二ツ
一診天民
一大屋形様ニも、御風愈《イヨイヨ》
御快候

---

(6) 大西登。
(7) シナイは大きめのツグミの古名。
(8) ツグミとシナイの。
(9) ぶっ続けに三十人位に稽古をつける

一栄浦昨夜ハ又なり物
多く有之旨（1）、天民咄
一昨夜《朝》出勤初、通候哉と（2）
存居候、余程昨朝出候節、
かほつき《顔ツキ》もあしく《悪シク》見
受候、全体此節ハ国ニ
居候節よりハ、やせ申候
一図書始皆々、追々出
一山口内匠被参、直ニ又被帰、夕
刻被参候様御沙汰之由
一御休息へ出
一四ツ過御参　内掛《御参内かかり》（3）、伊井《ママ》
掃部頭被参、客座敷ニて
御一所ニ逢《逢ウ》、御暇乞として
被参候由、色々咄
一無間
大屋形様御参　内
一御跡ニて、少し之間咄致
一掃部供揃被帰、今日ハ略服
故送りハ、次迄（4）也
一鳥料理致小鳥也
一弥《イヨイヨ》明日御立（5）故、次向《ツギムキ》大御混
雑也
一役人代る〳〵出
一昼飯五ツ、江戸帰《江戸帰リ》女中皆々着《着ク》
一桃井参、昨夜の礼、且明日
か明後日爰元《ココモト》出立之様
申居《おり》候処、今日只今より立候趣
申出候間、何れ大坂ニて逢
可申候間、大混雑中故、
逢不申候
一昨夜も呼候節ニも、大坂
ニて又御目見可仕旨申居候、
此方よりも稽古見ニ可参
旨申置候、余り火急ニ出
立致候
一火の見へ上り候、蜂沢山居《オリ》、庄
之助、玄太なと、ころす《殺ス》、す《巣》も

（1）音曲で遊んだ。
（2）「昨朝（か夜）出勤のはじめにお通じがあったかと」の意味か。
（3）参内の途次。
（4）次室。
（5）宗城が東幸供奉で。

有之候
一七ツ頃髪結候
一明日卯之刻参
朝致候様、伊井《ママ》より廻達有
之候、衣体(6)直垂《ヒタタレ》(7)之よし
一諦《ママ》之助(8)被参、御暇乞之よし
一居間へ通し逢候
一茶菓子出
一鉄砲本など為見候
一食事ニ付、諦《ママ》之助客坐敷
え被参
一入鐘(9)前、御退出
一夜食三ツ
一山口内匠(10)被参
一明日御立ニて大混ざつく
一客坐敷え参、山口吉田(11)へ逢候、
色々咄
一五ツ半前頃、よふ〳〵御片(12)ニ相
成、御休息え通る

一御酒御吸物上ル
一例之通り、台《テーブル》ニて給《食ベル》(13)
一米浦も中〳〵出勤と申様
無之候、しかし気遣候程
之義ニハ有之間敷候
一図書出、色々咄
一長尾、御日立ニ(14)出候
一由起《ユキ》(15)出逢、委細ニ
御ニ所様御機嫌相伺候、
難有奉恐悦候
一ゆき御酌など致
一図書をどけ《戯ケ》(16)咄致、賑々敷候、ゆき、
鍗之助や内匠へ御酌為致
候、随分別品也
一九ツ過頃、皆々被帰候
一無間、出坐寝
同廿日晴
一暁七ツ半時目覚
一朝飯ニツ

---

(6) 衣帯、装束のこと。
(7) 武士の礼装。
(8) 七頁注（10）参照。
(9) 入相の鐘（夕方に寺でつく鐘）。
(10) 山口内匠直衛。三五頁（11）参照。
(11) 吉田藩主・伊達宗敬（鍗之助）。
(12) 片付く。
(13) 明日宗城が供奉出京するので一族が集まった。
(14) 御出立の見送りに出る。
(15) 御休息女中。
(16) 滑稽談。

一直垂着用
一御休息へ出
一無間、供揃参　内
一今日ハ為御見立、(1)総参　内
一五ツ頃、御仮立(2)より、公家御門を(3)
出、有栖川屋敷前え参、控
居候
一無程、
御発輦相成、何れ
も奉拝候、長州兵隊二中隊
程備前兵隊御後より参
一今日ハ天気も宜敷、よき御都
合ニ御坐候
一又御仮立へ出候
一今日　倍《マスマス》御機嫌克《ヨク》、
発輦被為在候御祝、弁事
え申上候事、尤非蔵人を
以申上候
一夫より、各退散

一四ツ半頃帰る
一大屋形様ニも、倍御機嫌能《マスマス御機嫌ヨク》、
供奉ニて、被遊御発途《御発途遊バサレ》候事
一誠ニ屋敷内さひしく相成
一昼飯六ツ
一柳澤勝次郎、軍咄《イクサバナシ》色々致
一少々昼寝する
一昨夜、久々ニ於節殿より文参《フミ参ル》、
温徳院(4)卒去見舞の
文なり、途ニ《ホカニ》何も申不参
候得共、勇間敷《勇マシキ》様子也
一入湯致
一日誌なと見
一誠ニさひしく相成、しん〳〵と
致
一酒用ゆ
一九太夫泊ニて酒、色々咄
一柳澤勝次郎戦争の
咄、其外色々咄致、面白

(1) 発輦（はつれん）を見送る。
(2) 仮建。無位無官の者も立ち入ることのできる清涼殿に連結する建増し部分（『王政復古』一五四―一七五頁）。
(3) 御所の秋宜門。
(4) 宗徳室、佳子（よしこ）。この六月に卒去。

く候
一五ツ半頃下る
一同刻寝
同廿一日
一例刻目覚
一朝飯三ツ
一図書始、皆々出
一用場、小姓頭詰所ニ相成、(5)
右へ参《参ル》、用ハ格別無之、只
咄致少々ハ用有
一四ツ半頃帰坐
一認物致
一九ツ過、昼飯五ツ
一同半頃より、西陣織物見ニ
参
一びろふと綿(6)、唐綾色々有《アリ》、
ろ(7)も有、五けん《軒》程見候、誠《誠ニ》
奇妙、中〱かつ《合》てん《点》の
参る事ニ無《無ク》、不思義《ママ》
也
一夫より植木屋へ参、此ハ一向少
く格別之物も無之候
一夫より七ツ前帰る
一暮頃酒用ゆ
一図書出、色々咄
一治左衛門泊ニて呼、盃遣
一五ツ過皆下る、同刻寝
同廿二日
一例刻目覚
一朝飯二ツ
一図書始出
一髪結候事
一診順庵
一今日は
今上帝御誕生日ニ付、一統下
々迄御祝申上候様との事、
先日被　仰出も有之、町々
総おどりと申事故、九ツ頃

---

(5) 人数が減ったので御用場に小姓頭が詰める。
(6) 天鵞絨（ビロード）。
(7) 絽、夏用の涼しい織物。

よりにぎやか之処見ニ参
る旨申出ス、早三味せんの
音なと聞へる、しかし当地
之事故、何れたるい《解イ》(1)事ニ可
有之と存候
一昼飯二ツ
一国九月五日立飛脚相達、
御書頂《御書イタダキ》、難有奉拝見候、先以
倍御機嫌克被遊御座、恐悦
至極奉存候、領中静寧、一
段之義、安悦至《安悦ノ至リニ》存候
一通達見る
一九ツ頃より、乗廻しニ参
一相国寺え参、薩州下陣ニ
相成居候
一夫より寺町を上ヨリ下え参
一五条を渡る
一今日ハおどりをおどると申事
故、格別ニにきわひ候哉と存候

処、何も差して替る事なし
一建仁寺町より、縄手《なハ》三条橋を
渡る、又四条渡る、植木屋へ参、
亭主病気ニて、はち植ハ
手入れとどかず候
一又川ばたを上え参る
一植木屋へ又参見る、此処は
色々有之、拂手《ぶ志ゆ》かん《柑》(2)抔数
々有之、山階宮様、長州抔より
預りの鉢植かず〳〵有之候、
木戸(3)より之預、棒蘭(4)有之候、
紫蒲《ママ》どふ有之
一調練場脇を通
一今日之御祝義《ママ》と相見《アイミエ》、祝砲
を打居候三大隊位
一荒神口橋を渡る
一向より宮様御出之よし故、馬を
早メ横丁へ廻る、近衛様の由
一夫より丸太町を帰る

(1) 本気でない。
(2) 蜜柑の一種。
(3) 木戸孝允か。
(4) 棒蘭、蘭の一種。

一入湯致
一今日江戸へ帰る女中皆呼
一暮頃より皆々出、御機嫌相伺候、
御伝言も被成下、難有奉存候
一色々咄致
一図書、九太夫、與左衛門、弥三郎
治左衛門、孫之丞出
一御休息女中拝借致
一おてる被参候
一ゆき、国、すミ鳴物致《ス》、賑
々敷おとりも有之
一誠ニめつらしき事ニて、大
酔ニ相成、無存掛《ゾンジガケナク》(5)ゆる〳〵
(6)逢、大慶存候
一五ツ過皆々下る、直ニ寝
同廿三日晴
一五ツ頃目覚
一朝飯三ツ
一飛脚通達見

一小姓頭詰所え参、此節用場
相成居候事
一用向少々有之
一四ツ半過帰座
一茶菓子給
一通達見
一昼飯三ツ
一昨日ハ皆々おとり有之由
ニて、見物ニ致他行《他行致シ》候処、
すべて無之、大ニ考違致候
旨、図書始咄
一蚕養教諭集と申本見
一火のミへ参、追々山々紅葉い
たす
一山口内匠より自書、并《並》之《ノ》箱
入あひる、せり、ゆづ、時候為《時候見舞イ》
見舞《ノタメ》到来、入念候事也
一右あひる毛を引
一夜食三ツ

(5) 思いがけなく。
(6) 図書初め手許の御家中を集め、江戸女中から御休息の女中まで呼び、くつろいだ大宴会をやって大酔。

一孫之丞、色々咄、今日柳原へ
出候よし
一酒用ゆ
一九太夫、孫之丞、酒遣
一四ツ前寝
同廿四日晴
一昨夜八ツ半頃、鼠居候出候ニ付、
から《唐》紙をたて皆々おこし、
一打ニころす、固《もとよ》り今夜捕《捕リ》
候積《ツモリ》也
一例刻目覚
一朝飯二ツ
一小姓頭詰所用場へ参
一為差《サシタル》用無之候
一九ツ頃帰坐
一昼飯二ツ
一九ツ過より、高雄え紅葉見
参、馬ばかり也
一京都ハせまき処故、近く
有之へくと《可クト》存候処、存
外遠く、山をかさね谷へ
入候かしれず《知レズ》、よふく高
雄へ参
一紅葉丁度宜敷候得共、
格別よきながめと申程
ニも無之候
一槙の尾へ参、ヤはり続《ツヅキ》也
此処寺有《ココ寺アリ》、紅葉も相応
有之候、夫より栂《トガ》の尾、此所、
太神宮、春日、八幡の三
社アリ、谷川清く、紅
葉多し
一地蔵院へ参、所々紅葉有
一山門と申様之処有之、大く《大キク》
候得共、大破、此寺御室《をむろ》御
所(1)御差配之旨、本堂ハ無
之候
一山の上ニ寺有之趣、石たん《石段》

(1) 仁和寺、宇多天皇の仁和寺御所にちなむ。

を上り参候処、大破すゝ
き生しげり、きひしき
気色《ケシキ》也
一地蔵堂へ参、此処も又大
破、実ニ目もあてらぬ《ラレヌ》
様子、立ぱ之寺ニ候得
共、くづれ居候、実ニ
絵に有そふ、化物之
出そふニ存候、筆難尽《筆ニ尽シガタク》候
一右之裏手、眺望至て
宜敷候
一是より帰り道、高雄より馬
ニのる、途中遅く成そふ
故、乗切
一雄高(2)より帰り、酔人
居《オリ》自分てひろつき《ヒヨロツキ》、馬ニ
あたりおこる《怒ル》
一正六ツ時帰館
一入湯

一酒少々用ゆ
一夜食三ツ
一四ツ頃寝
同廿五日晴
一例刻目覚
一朝飯二ツ
一図書用有
一用場へ参
一御暇(3)之義も、直ニハ出そふも
無之候
一大蔵大輔殿より自書参、委細
柳原へ相談致候様申来
候得共、同家え相談之義
ハ、極々心配致候義有之候ニ
付、越前方へ参度旨返事
出
一少々用有
一四ツ半過帰坐
一九ツ過昼飯三ツ

（2）高雄の間違い。
（3）朝廷からの帰国許可。

一図書、孫之丞出
一髪結候
一昼後、越前へ参候て、差支の
有無小姓を聞ニ遣候処、行
違返書参り、今明日ハ御用
多、差支之旨申来る
一七つ半頃より、書物致
一夕刻、図書呼色々咄
一江戸帰女中も永々のと
ふりう(1)ニ相成たいくつと存候、
ちと逢度も存候得共、
表住居之事ニて、度々呼候てハ、又
嫌疑《うたかをさける事》(2)も有之 故其後ハ逢
不申候、色々尋度事も
候得共不任心底候
一弥三郎泊番ニ出居、酒
遣
一四ツ頃寝
同廿六日晴
一例刻目覚
一朝飯三ツ
一診順庵
一五ツ半時、供参(3) 内致、
今日ハ〻(4) 御留中(5)、
天気《ママ》伺也(6)
一今日ハ〻御旅中へ、御番外(7)
諸侯、為伺《天機伺ノタメ》 天機、連呈書指(8)
出候様 御沙汰之処、廻り
遅く(9)、屋敷廻り仕舞の(10)
よし之処、未御所え不差
越故(11)、取被遣候処、よふ〱九ツ
頃より廻り、紀州え為持遣《持チ遣サセ》候
由
一右連名呈書、間違の義有
之よしニて、急ニ認かへニ相
成由、大ニ私共当惑致候処、
元(12)弁事より出候節之間違候
故か、因州より権へんじ《弁事》へ出居

(1) 逗留。
(2) 疑いを避けること。
(3) 供揃。
(4) 天子を「〻」と略記。
(5) 留守。
(6) 天皇は東幸中で留守だが。
(7) 非番の。
(8) 提出者の名前を連ねた呈書。
(9) 連呈書の廻りが遅く。
(10) 連呈書が諸侯の屋敷を廻り終えた。
(11) 呈書が御所へ帰ってこないので。
(12) 元々。

候者有之(13)ニ付、因州ニて可取
はかる旨申聞候ニ付、何分宜敷
頼候趣申述、因州家来ニて
認《シタタメ》替《変ヘ》、実名書はん《書判》(14)斗《バカリ》自分
ニて認候事
一右ハ直ニ弁事へ渡ス事の
様存居候処、非蔵人へ承り候
得ハ、同人より差出し候ても宜
敷と申、色々ニ申不極《キマラズ》、よふく
八ツ過頃同人取次弁事へ
出し宜敷旨ニ付、同人へ渡
し無滞《トドコオリナク》受取ニ成《成リ》、此間
色々間違一向不極の事也(15)
一八ツ半時退散
一昼飯五ツ程
一越前中納言殿(16)より、今日ハ御用
すきニ相成候間、参候様申越
候ニ付、直ニ供申付、乗馬也
一同所屋敷存外遠く、よ
ふく入相前参
一無間、大蔵被出、案内ニて休息へ
通る
一中川(17)、被参居候
一少々用談致(18)
一清瀧寺(19)之方丈と今一人和尚
参居候
一三楷(20)へ参見る、眺望よろし
京一面見る
一吸物出る
一亭主も中川も酒一口も不
給、下口《下戸》也、初て参《参リ》一人大酔
ニもなられず閉口也
一色々咄致
一泥《ドロ》水を呑候ニ、清水ニなり呑
候うつ《器》ハ見る、如図者也

(13) 鳥取藩士・門脇重綾が閏四月二十一日より弁事（『補任』一四二頁）。
(14) 花押。
(15) 色々手違いがあり、すぐには決まらない。
(16) 議定・松平慶永。
(17) 七六頁注（3）参照。
(18) 御暇乞の朝廷工作を中川に依頼したか。
(19) 醍醐寺清瀧宮か。
(20) 三階。

玉の処をとろ《泥》水へ入《入レ》、小き
処を吸候得ハ、きれいな水
ニなりのめ候事、下ひん《品》（1）
のさとふ《砂糖》をどんぶりの中え
入《入レ》ほら立《立テ》、（2）右器を入《入レ》呑候ニ、ただ
の水ニ成候事、すなこし《砂濾シ》の
わけと存候
一右器、中川ハいきよハく《息弱ク》、得
のミ《飲ミ》不申候（3）
一書をかき《書キ》（4）候様との事故、大ニ閉
口致候得共、是非と申事
故、清龍寺へ相談致、三字
程云々、亭主始も書、中川
竹をかく、清龍寺ハ達者
ニかき候事
一女中ハ年を取候人三人、子供
一人也、めしつかいの様の
人ハ不見候、児小姓三人居
一四ツ過帰

一直ニ寝
同廿七日陰
一例刻目覚
一朝飯ニツ
一図書出、役人も出
一用場へ参
一少々用有
一其外咄色々致、
昼頃帰坐
一昼飯五ツ程
一少々横ニなり、たゝかせる
一入湯致
一暮酒用
一今日ハ、うつとふしく《鬱陶シク》退く
つ故、又図書呼
一泊《泊リハ》治左衛門、御休息泊、孫之丞
盃遣、色々咄
一四ツ頃寝
明治元辰九月廿八日京都より十

（1）精製してない。
（2）泡立て。
（3）吸う息が弱く飲めなかった。
（4）揮毫（きごう）する。

月十八日着城迄
日記
　九月廿八日(5)
一図書始出
一昼飯二ツ
一飛脚八ツ頃仕舞、下る《下ゲル》
一順庵ひねり申付
一同人より、画の本抔見せる
一暮頃酒用ゆ
一図書、登、弥三郎、半兵衛(6)、
　順庵、酒遣
一色々咄、四ツ前皆々下る《下ガル》、直
　ニ寝
　同廿九日時化模様
一五ツ頃目覚
一昨夜少々むね《胸》あしく、
　き水《生水》(7) もどし候、今朝ハ
　平之通り
一朝飯二ツ
一診天民、平和申出
一用場へ参
一色々用有
一四ツ半頃、帰坐
一昼飯三ツ
一少々寝
一髪結候事
一入湯致
一越前より、自書参、御暇之義
　今夕可被　仰出旨申越候、
　全《マツタク》　越前之骨折ニて、早速
　御暇被　仰出候事と大慶
　存候
一暮頃弁事より御呼出しニ付、
　宍戸次郎兵衛(8)出候処、柳原より御渡、
　御書付を以、御暇被下候事(9)
一酒用ゆ
一九太夫泊ニて呼、酒遣
一長尾用有、内々ニて出、表へ呼

(5) この一行は追記。
(6) 木原半兵衛、虎之間、元締（『由緒下』三九〇頁）。この時、宇和島藩公用人。
(7) 胃液。
(8) 虎之間、四人分二十俵（『由緒下』三四一頁）。
(9) やっと、帰国の許可が出た。

逢、柳原之事也、長尾も大心配
也(1)
一孫之丞、長尾、酒遣
一図書ニ長尾逢度よしニて、
呼ニ遣候処、最早大酔の趣
ニて断
一長尾も早く帰不申候てハ、又不都
合之趣ニて帰
一五ツ半過寝
十月朔日時化
一例刻目覚
一朝飯二ツ
一髪直ス
一衣冠ニて参　内
一当日之御祝、且昨日御暇《オイトマ》被下
置候御礼、明後三日発足ニ付、御
暇乞　天機相伺候段、弁事
久世(2)前宰相中将へ申上候
一小野兵部少丞《ママ》暇乞、非蔵人
口之方へ出居候趣故、呼逢《呼ビ逢ウ》
一夫より退散
一大宮御所へ、当日御礼御暇乞御
機嫌伺申上、退出
一正親町三條(3)、徳大寺、当番弁事
久世へ御暇被仰出候御礼、且明後
三日発足致候旨、廻きん(4)いたす
一九ツ半過帰
一昼飯五ツ
一髪直ス
一七ツ頃肥前へ暇乞ニ参、今日は
他行留守之由、直ニ彦根へ
参、無間、被出暫時対面致、菓
子出、色々咄、無程帰る
一越前へ参、御暇之義段々心配
被致、夫故都合克《都合ヨク》、早速御暇
出候ニ付、為礼参《御礼ノタメ参ル》、無間、被出
対面、厚く礼申述、暮頃退
散、六ツ半頃帰館

---

(1) この事情は不明。
(2) 二四頁注(6)。
(3) 嵯峨実愛(さがさねなる)、議定(『補任』一一五頁)。
(4) 廻勤、回礼。

一今朝、小島備中、横山勝左衛門(5)、
律斎(6)など着
一備中へ逢御機嫌相伺(7)御伝言(8)も
被成下、難有仕合奉存候、益《マスマス》御
機嫌能《ヨキ》御様子、委細相伺、
安心申上候
一図書、備中、呼盃遣
一勝左衛門、弥三郎、盃遣
一図書、明朝発足也
一四ツ過頃寝
同二日朝昼前よりくもる
一例刻目覚
一朝飯二ツ
一肥前(9)被参逢、暇乞也、御暇之
義ニ付てハ肥前も心配世話致
候と被申候、無間被帰
一明日出立ニて、取込かたつけも
の致
一所々より使者など参
一冨島左近将監参、色々献上物
致、一寸出かけ逢候
一四ツ頃より所々廻きん
一長州(10)へ参、無間逢れ、色々咄、
其内ニ吸物出
一久々振、緩々《ユルユル》咄、用人抔出、家老も出《ル》
一大コップニて給《ノミ》、大ニ酔候
一庭へ参見る、至て能《ヨキ》庭池、
清水わき出、ごいさぎ《五位鷺》抔居候
小鳥も沢山
一最早昼ニ相成候故、食事を
出し候旨ニて、出《ル》
一八ツ前頃退散
一智恩院有馬の旅館へ参、
余程大寺也
一柳原へ参、一寸初姫殿御逢申度
旨申述候処、無間案内致し、奥
へ通る
一初姫殿へ対面、長尾出、色々咄

(5)虎之間、二百四十五石六斗、元締(『由緒下』三八二頁)。
(6) 宇和島藩医・野田律斎(渡辺律誠)、緒方洪庵の弟子で大村益次郎の知己(『医学史』四〇頁、『事蹟』二六〇、二六三頁)。
(7) 宗紀の。
(8) 宗紀からの。
(9) 佐賀藩主・鍋島直大、参与(『補任』一四五頁)。東幸中京都の治安維持に当たった(『百官』二五七頁)。
(10) 七頁注(6)。

一吸物出ル、長尾色々心配ニて、御馳
走出
一大納言殿退散、初姫殿部屋へ被
参、致対面致《ママ》
一七ツ頃致暇乞《暇乞イ致シ》、立《立ツ》
一近衛様へ参、口上諸太夫へ申置、直《タダチ》
ニ帰る
一相入(1)前帰館
一入湯致
一諦《ママ》之助被参
一暮過、よふ〳〵片付物仕舞候
一諦《ママ》之助通し、対面
一おてる始も呼
一吸物出ス
一備中始留守残之面々呼、盃遣
一栄浦未出勤出来不申故、
重詰(2)遣、酒も遣
一岸江召、盃遣
一諦《ママ》之助余程酒ハ強く候

一大ニにき〳〵《賑々シク》敷候、四ツ半(3)頃皆々下る
同刻寝
同三日陰
一暁七ツ半時、目覚
一朝飯二ツ
一今日六ツ時供揃ニて発駕
一皆々見立(4)候
一途中馬也、兵隊少々連《連レ》る
一五ツ過頃伏見へ着、一寸小休
一無間乗船、天気おたやか
一船中所々なかめる
一鳧《カモ》など居《居ル》
一未《マダ》当春洪水つゝ《堤》みきれ《切レ》候
処、数々有之、最早ふしん《普請》致
居候
一図書より寿し上る《奉ル》
一弁当茶わん二三ツ程給
一夕刻伏見本陣すしや伊
左衛門より重詰、酒、致献上

---

(1) 入相（いりあい）、日没時。
(2) 重箱詰めの御馳走。
(3) 夜の十一時。
(4) 見送り。

一桜の宮辺へ参、右重開酒給《右重開ケ酒ノム》
一弥三郎、治左衛門始、供小姓中ニ、順庵など皆々側ニて酒すし、肴遣《遣ワス》
一大坂江参候と、家作など京都とハ大ちがゐ、立派之事なり
一七ツ半過、大坂屋敷うら門へ着《着キ》、直ニ上り候
一図書始出
一井上市兵衛、其外色々献上物いたす
一入湯致
一平学、靭負出
一井上市兵衛呼出、倅も出居間へ呼、酒遣
一図書、九太夫、七左衛門、酒遣
一追々皆々機嫌ニ相成、賑ニ致酒宴
一靭負、松尾虎之助(5)も出《出ル》、呼《呼ビ》盃遣
一市兵衛親子、うたいうたい候、画なと《等》かく《画ク》、図書もかく
一市兵衛へ羽織、矢立遣、倅金三郎敷皮遣
一京都持参のたばこ入も遣
一追々、打和し候、市兵衛、手代も色々世話ニ相成候間、呼ニ遣候処、佐兵衛、乙助、平助、三人出、盃遣、にき〳〵《ニギニギシキ》敷おどり抔出候、市兵衛始至て大慶也、
一四ツ半過皆々下る
一九ツ頃寝
同四日時雨
一例刻目覚
一図書始出、診順庵
一西園寺雪江(6)、平学、靭負出
一右銘々献上物致
一今夕乗船之筈之処、風ニ

(5) 宇和島藩士・松尾臣善、第五代日銀総裁。
(6) 松田覚助（二百五十石）を祖とする（『由緒 下』二六三頁）。幕末に西園寺を名乗り、宗城の片腕として活躍。

相成候間、明朝ニ致
一朝飯少々
一此度館《官》入相成(1)、幾島四郎兵衛《太夫》(2)と申
神辺《コウベ》ニ居候人、一昨夜中遣候
処、直ニ参、後程逢候ニ付、出候様
申遣
一昼飯ニツ
一九ツ過より、外国館《官》へ参候様申
出、無間参ル、船也
一運上所へ参、五代(3)を尋候処
今日ハ不出由
一運上所詰所見《見ル》、立派之事、
未《マダ》手《手》せま《狭》のよし也、宇都宮
靭負、杉山平学、供《供ス》
一夫より外国人の内《ウチ》(4)参る
一□(5)料理屋へ参、唐人出《出テ》、通
じ《詞》(6)羽太周助(7)、此人ハ大洲の人
ニて、図書之方ニ居候人也、色々
応対、うらへ参見よと云《云イ》候

故、裏へ廻る、ビンのからの候、山の如
し、最中(8)ふしん《不審》也
一夫よりヲールト(9)方へ参、亭主
留守、同人妻出、色々咄、写真
抔見せ、深切《親切》ニこふ志やく《講釈》致、
よふ《良ク》被成御出《御出ナサレ》候得共、未荷物
つき《着キ》不申《申サズ》、何も為御見《オ見セ》候品も
なく、御気のとく《毒》と申、せり《シェリー》
と申酒馳走ニ成、どふぞ
又御出と申、此婦人三
十位かと存候、至て《至ッテ》きめき《こま》
れ《かニて》ゐ、色桃色ニてうつくし
く候、北国おる《居ル》狐のかわ《皮》有、かバ色《樺色》也
一夫より所々へ参、見る
一ガラバ(10)方へ参、席見(11)度旨申候
処、無差支趣、参見る、至て
きれゐ《綺麗》し《ナ》き《敷》物《物》敷つめ、日本
の道具蒔絵之品々、けつ《結》
こう《構》の品々数々有之

（1）政府の役人となった。
（2）生島四郎太夫なら、勝海舟が宿にしていた神戸の庄屋（『勝全集14』一一九頁）。
（3）薩摩藩士・五代才助、大阪府判事（『百官』四七四頁）。
（4）家。
（5）「フカ」か。
（6）シナ語通訳。
（7）仙台人、羽田周助か。
（8）しきりに。
（9）ウイリアム・J・オールト、長崎オールト商会主。
（10）トーマス・B・グラバー、グラバー商会主。
（11）座敷。

一かわ《皮》な《ママ》品々有之、めつらしき
皮有之、ガラバは用有、不出候
一犬数々居、一ツ余程よき犬の
よし、おおきさ猫の大な位、
もしカラバえ、よその手(12)ニて
もふり揚候得バ、直《タダチニ》喰かゝり候
由、むくげニて巣色也
一　処《ママ》え参、品々有之、見る、
かぶり、敷物など用に致《致ス》、亭
主、色々さじ《匙》、包丁など見せる
一夫より、帰り道、船ニ乗る
一暮ニ帰
一生島四郎太夫出候(13)、酒ニ挺(14)扇子献
上、六十余人也
一右書院(15)ニて目見申付、懐中(16)
遣《ツカワス》京都つゝれ(17)也、直ニ下る
一夜食ニツ
一酒用ゆ、雪江、治左衛門、平学、
靭負盃遣《遣シ》、色々咄

一此間内より、酒続閉口、今夜ハ
少々のむ
一五ツ過皆々下る、直ニ寝
同五日陰
一五ツ前目覚
一朝飯ニツ
一今日は風も穏ニ相成、乗船
之趣申出
一図書出
一役人代る〳〵出
一入湯、髪結候事
一平学、靭負出、色々咄
一田辺甚之助、桃井方え使ニ遣
候、取込居、今日乗船故、最早
逢不申旨、申遣
一開雲出逢、暫時咄、下る
一昼飯弁当ニて給
一九ツ頃、船之都合宜敷旨ニて、
乗船、川ふねかうばい《紅梅》(18)也

---

(12) 他人の手。
(13) 九四頁注（2）。
(14) 酒樽を数える単位。
(15) 大坂藩邸。
(16) 財布。
(17) 綴れ錦。
(18) 小さい町屋形船。

一五番早船ニ、のりかへる
一至てせまく、こんさつ《混雑》也
一飛《とひ》(1)の者、川の左右をかためる(2)
一早船ニ乗候得共、未船も不出、大
閉口退屈
一図書より到来の旨ニて品々上《タテマツ》
ル、見事之鯛之形ニ焼候楽
焼のうつハニ、口取物(3)を上ル
一七つ半過、弁当給
一横ニ成《ナリ》順庵案《ママ》(4)ま致させ候
一色々図書咄致、笑候
一安治川下御番所少々下手《下手ニ》、船
をつなく
一暮過より酒用ゆ
一皆々へも遣、色々咄、船頭へも遣
一五ツ前頃寝
同六日朝陰昼晴
一六ツ前頃より、にきやかに候故、目覚
る、無間船出候様趣、越てまど
のぞく、川口へ船る《ママ》(5)様子、又寝
一六ツほんとふ《本当》に起る
一川口定灯(6)の前へ、ざんじ《暫時》船
かゝり《係リ》(7)
一無間風よろしく相成、出船
能《ヨク》順風ニてはしる
一細川越中守(8)、蒸気船ニて上京
也、御所御警衛と申事
一神辺、兵庫、蒸気船数々
かゝり居候、沖を通ルも有
一大分立派ニ見へる
一図書持参の菓子給
一天朝之御印を立候、日本蒸
気船、兵庫より乗出し候処、
何そ工合違候哉、わづか沖へ
乗出し留《トマリ》、蒸気皆ぬき候
一昼飯四ツ程
一兵庫、和田三崎、通船
一船の上へ出、処々ながめる

---

(1) 鳶職人。
(2) 警護のため鳶の者を雇って川船の両岸を守らせた。
(3) 饗応の膳で最初に出す料理。
(4) 按摩。
(5) 舫う（もやう）。船を綱でつなぐ。
(6) 常灯。港口の常夜灯。
(7) 風を待って碇泊。
(8) 熊本藩主・細川韶邦（ほそかわよしくに）、左中将（『補任』二二四頁）

一下へおり、寝
一大かた舞子之浜辺え
参候処、船を跡え返し候様子
故、尋候処、西風強相成候故、兵
庫へあともとり《戻リ》之よし、折
角是迄参《参リ》、残念〳〵、兵庫《兵庫へ》
三里行返る
一七ツ前、兵庫港へ入船
一兵庫港、外国ハわつか《わずか》、日本の
蒸気船多し、日本の売船《ウリフネ》(9)
おびたゝし
一和田のミさき《岬》、(10)影よろし、しかし
(11)台場出来、充分ニ無之候
一茶菓子給
一当港、余程繁じよふ《昌》也
一庄之助、順庵上陸致、梨上ル《タテマツル》すしミかん皆へヤル
一夜食三ツ程
一大蒸気一艘入港、日本印立
居候

一暮頃より、酒皆々へも遣
一色々おどけばなし、船
中大笑
一大所《台所》一人ニて、余程せわしく、
太義《大儀》(12)故、林左衛門(13)咄《ニハナシ》酒為呑《ノマセ》、
肴遣《肴遣シ》候
一九ツ頃ニも可有之《コレ有ベク》、寝
同七日陰
一六ツ頃、目覚
一七ツ半過、兵庫港出船
一早朝無風、ろ(14)ニて行
一朝飯三ツ程
一追々風よろしく相成
一外国蒸気船らしき船、
下より上へ参(15)
一一ノ谷あつもり《敦盛》そハ《側》辺通《通ル》、
追々風よろしく、舞子浜
通せん《船》
○国先月廿五日立飛脚相達候、皆

(9) 食料や雑貨を売る小舟。
(10) 風景。
(11) 砲台。
(12) 骨折り。
(13) 山脇林左衛門、御船御酒方など（『由緒上』三七五―三七六頁）。
(14) 艪。
(15) 上方へ向かう。

揃《ソロッテ》倍御機嫌克被遊御座《マスマスゴキゲンヨクゴザアソバサレ》、恐悦
奉存候、前様(1)より御書被成下《ナシクダサレ》、
難有奉存候、領中静寧、安心
仕候
一昼飯三ツ程
一高岸高砂(2)通船、八ツ頃
迄ニ、十三里程参候由
一夕方、弥《イヨイヨ》追(3)よろしく、六ツ半
過頃大多部《おゝたぶ》(4)へ着船、此処
迄、兵庫より廿五里
一酒用ゆ
一皆々へも遣、色々咄、大笑
一今日ハ船都合も宜敷《ヨロシク》、船頭
始酒遣
一山脇林左衛門、長妻覚左衛門(5)、
傳九郎、千助、酒為呑《呑マセ》候
一順庵落しはなし致《イタシ》、
大笑〳〵
一四ツ頃寝

同八日晴陰不定
一六ツ過目覚
一六ツ前頃大たぶ出船
一帆かける
一五ツ半過頃、牛窓(6)通船
一昼前犬崎通船
一昼飯ニ鴨の黄《おゝ》はん(7)給《タベル》、弁
当不残給、此昼飯ハ船中
之まかないの飯を給《タベル》、図書
始皆々一所《一緒》、若イ者ハ大茶碗
ニ七盃位給
一艫《トモ》かい(8)へ上ル
一遠眼かね《鏡》ニて、所々なかめる
一八ツ半頃より風なぎ、しほ《潮》も
不宜候得共、船頭始、日比(9)迄
わつか《ワズカ》壱《いち》里故、を《押》して(10)通候
旨ニて、はづミ(11)、とふ〳〵日比迄
をし《押シ》とふす《通ス》、此処汐かゝ
り(12)

---

(1) 宗紀のことか。
(2) 姫路藩領、高砂。
(3) 追い風。
(4) 備前藩の島、交通の要衝。現在は大多府。
(5) 御船手（『由緒下』二四二頁）。この四人は御船手の侍や船頭と思われる。
(6) 備前藩領、風待港として栄えた。
(7) 鴨の黄飯（くちなしの実で色をつけた）。
(8) 艫、船の最後部。
(9) 現玉野市日比。
(10) 艪を押して。
(11) 弾み、頑張り。
(12) 潮懸、順潮を待つこと。

一大たふ(13)より此処迄十二三里位
一夜食二ツ程、ひる《昼》あまり沢山
給候故、すこしひかへる
一九太夫、弥三郎きげん《機嫌》伺ニ出
一九太夫、着之節之都合も有
之故(14)、今日より先へ帰ス旨申聞ル(15)
一今朝、長妻覚左衛門よりゑび《海老》、又、
治左衛門よりすゝき(16)上《タテマツ》ル
一直ニ脇《ジカニワキ》(17)、他所《ヨソ》の早船一艘居《オリ》、酒
など用《モチイ》、色々咄致居《イタシオル》
一酒用ゆ、皆々へも遣
一順庵おとし《落トシ》噺致《致シ》、大笑〳〵
一昨日、船頭始え、昨日酒代《さかしろ》(18)遣候
所、今夜給《ノミ》候様子、にきやか《賑ヤカ》也
一五ツ半頃寝
一夜四ツ過頃出船、八ツ半頃下《シモ》
津井《ツイ》(19)へ着船
一此湊《ミなと》にぎやか、船数々入船(20)
一船をつなき《繋ギ》、少々船頭始寝付
候、と、わあ〳〵となく聲、船
の直きわ《間際》にていたし候故、何
そと存《存ジ》、皆々のそき《覗キ》候処、てん《伝》
ま《馬》(21)を此船ニつなぎ付居候、とま《苫》(22)
の中ニて女のなき《泣キ》聲やかま
しく候故、此船よりしかり《叱リ》候処、すべ
てかまハず《構わず》(23)男の聲ニてしかる、
又女の聲ニて何か云、とてもおかし
くてたまらん、とふ〳〵又中か《仲ガ》
よふなる《良ウナル》と見へる
一此ミなと売《港売リ》(24)、おびたゝしき事、
夜中より夜のあける《明ケル》迄、をら
びつめ也(25)、とてもたまらん、きたな《汚》
きやつ多人数出《イデ》、ふねの出
るニ付いとまごい《暇乞》、駒吉さん、吉
さん抔云ておらぶ、やかましき
事也
同九日陰
一六ツ半頃目覚

---

(13) 大多部。
(14) 帰国の準備のため。
(15) 申し聞かせた。
(16) 鱸（すずき）。
(17) じかに横に接した。
(18) 酒を買う代金。
(19) 倉敷の交通の要衝、金毘羅参りの基地としても繁栄。
(20) 入港。
(21) 伝馬船。
(22) 苫（とま）。スゲ・カヤの和船屋根覆い。
(23) それを無視して。
(24) 海上での商売。
(25) 大声で叫び続ける。

一櫓かい(1)へ上《アガ》ル
一ばい(2)婦多人数出居《イデオリ》
一生《イケ》すの魚うり二参、此辺は十年前大下路(3)致候節、江戸の石かれゐ(4)給《タベ》候事有之故、昨日より心掛居《オリ》候所、持参一ツ、大《台》所用ニ致《致ス》
一図書より石かれゐ上《タテマツ》ル
一ろかいへ上り、処々なかめる《眺メル》
一石かれゐ刺身ニ致《致シ》、給る《食ベル》、風ミ《風味》至てよろし、子も有之、十年ふり《ブリ》ニ江戸品川同様之石かれゐ給《食ベル》
一弁当不残給つくす
一少々昼寝
一帆巻《マイ》たり、ろおし《櫓押シ》たり(5)
一しやんぱん《シャンパン》給《飲ム》
一治左衛門、順あん《順庵》楽かき《落書キ》するを見る
一まじ(6)にし《西》に成、まぎる(7)
一狐つり(8)を致、順あん、庄之助抔なり
一西風ニ相成、汐かがり《懸リ》(9)致、此所迄六里、備中ノ国ニて、池田末家領地
一夜食三ツ程
一順庵しこな《醜名》して(10)順風と云、順庵人がよふてにこ〱する故、船玉(11)およろこびにて順風吹と云《イウ》
一何分風直らず、此処へけい《繋》せん《船》
一暮頃より酒用ゆ
一皆々へも、例之通り遣
一順風咄(12)致、大分上達也
一皆々シヤンパン遣
一色々咄致
一四ツ前頃寝
同十日陰
一六ツ前出船

(1) 櫓櫂《ろかい》(船枻《せがい》、櫓棚《ろだな》)。舷外に突き出した船梁《ふなばり》に板を張り、櫓を漕いだ空間(『日本の船』二四頁)、後には船縁《ふなべり》を指す『広辞苑第六版』)。
(2) 淫売婦。
(3) 安政五年の襲封後最初の国入りの賑々しい大名行列を指しているのか。
(4) 日本各地の海岸砂地に棲息する大型カレイ。
(5) 風が凪いだので。
(6) 真風《まぜ》、ここでは南風。
(7) 間切る。ジグザグに風上に向けて進む。
(8) 室内遊戯。
(9) 順風待ちの碇泊。
(10) 落語を演じるので渾名(あだな)がついた。
(11) 船霊様。
(12) 落語。

一五ツ前目覚
一朝飯三ツ程
一五ツ半頃より、順風ニ相成
一昼飯三ツ程、ビイル給
一鞆仙水(13)風影(14)宜し
一九ツ頃、鞆津《鞆ノ津》(15)へ汐かゝり
一此湊至て立派之家多し、立
派の宮寺有之、堂抔有之
一風不宜故、当湊へ繋船ニ成《ナル》
一今日よふ〱、五里参《参ル》
一治左衛門、晴之助、高太郎、順庵
より、至てあたらしき鯛献上い
たす、治左衛門より、おでびらめ上
ル
一当所之名物、本直酒《ホンナオシ》(16)養気
酒とゝのへる
一まと《窓》より遠眼鏡ニて所々見ル
一当所ニとみ(17)有之よし、あかき
はたなど見へる

一今日ハ早く船着致、退屈也
一治左衛門、焼酎を取帰り、少々
給
一夜食弁当ニ、大かた一ツ、少々
のこる
一まかない(18)ニ出候あかゑ(19)の汁
給、至て風よろし
一寝たり起たり
一暮過より、酒用ゆ
一皆々例之通り、酒為給候、
順風又はなし
一山脇林左衛門、酒遣
一今日治左衛門始より、献上之鯛、
治左衛門ニ包丁為致候、手ぎ
(20)わ也
一五ツ半頃寝
同十一日晴風
一六ツ半頃目覚
一六ツ過出船

---

(13) 鞆津の仙酔島。
(14) 風景。
(15) 古くから開けた備後の海上交通の要衝。
(16) 味醂に焼酎を混ぜた酒。
(17) 鞆津遠見船番所。
(18) 船内料理。
(19) 赤鱏（あかえい）。夏に美味。
(20) 良いできばえ。

一アブトの観音(1)の前を通ル
一供船之内ニて、始てあふと
の前を通り候者有之、な
れこ舞(2)を致
一朝飯三ツ程で、ひらめ《平目》焼て給
一伊豫路西条少し上の山々雪
積る、昨夜以来余程寒く覚
候処、雪ふり候と見る
一尾の道(3)入口の前を通船
一櫓かいニて、処々なかめ《眺メ》居候
処、向より船参候ニ付、何そと存
居候処、さかなハいらんかと云、
此船より呼候処、こち《鯒》、いか《烏賊》など持
参候、図書より、其さかな、こち、い
か献上いたす、皆ひぢ〳〵(4)いたす
一能《ヨキ》追手(5)ニ相成
一昼飯弁当大かた皆給、図書より
上《タテマツリ》候いかのさし身、至て風味
よろし、でひらもヤく《焼ク》
一ビイル給《飲ム》
一昼後も折々風たるみ候得共、
又宜敷追手ニ相成、はしる《走ル》
一暫時の間ニ、三原城下(6)の沖
をとふる《通ル》
一ろかい《櫓櫂》へあかり《上ガリ》なかめる《眺メル》
一又ヒ《ママ》イル給、高太郎の不
老酒、少々給《飲ム》
一少々昼寝致
一能追《ヨキオイ》(7)ニ成、起上(8)えあがり見る
一最早松山領大三島ニ成《ナル》
一図書、治左衛門、順風など狂歌
をよむ、図書狂歌色々お
もしろきの御座候
一日之入頃、きのゑ(9)の脇へかゝる、此所
迄鞆(10)より、十一里参、きのゑハ所の名
一伊豫之石づち山、大雪山続、
皆大雪、いよ路か程寒きか
と驚、当年始て雪を見

---

(1) 福山あぶと岬の観音堂。
(2) 社寺に手向ける舞。
(3) 安芸領南東の対明貿易で栄えた港。
(4) ぴちぴち。
(5) 追い風。
(6) 小早川隆景築城の海城。この頃はまだ海上から威容が望めた。
(7) 良い追い風に。
(8) 御座船の上部。
(9) 広島県大崎上島町木江。
(10) 鞆津。

一林左衛門こち《鯒》のさし身拵《コシラエ》
候を見、至て六ケ敷もの也
一夜食三ツ程給
一暮頃より酒用ゆ
一例之通り皆々へも遣《ツカワス》、色々咄
一五ツ頃出船
一酒の餕《シユン》(11)、船頭始船方へ遣
一とも《艫》へ参、ろおす《櫓押ス》、中〳〵お
もくてをせ《押セ》(12)不申候
一四ツ頃寝
一四ツ半頃御手洗へ繋船
同十二日時化
一六ツ過目覚
一昨夜八ツ頃より時化ニ相成、風つよ
く、あられ《霰》ふる
一朝飯三ツ程
一五ツ頃より、追々、風静ニ相成
一うねり有之故、うら《裏》の方へ船かゝり《繋リ》
かわる(13)、此処《ココハ》至て波静也

一今日ハ滞船
一弥三郎滞船ニ付、機嫌伺ニ出
一代る〳〵、図書始、湯(14)ニ上陸
一弥三郎留置《留メ置ク》
一此湊、売女《バイタ》(15)多し
一櫓口(16)より、所々め鏡(17)ニて見
一昼飯弁当少々残、大かた給
一りふりん(18)給、此辺沢山有之
一ねたり起たり
一晴之助、はと《鳩》一羽おけぶせ《桶伏セ》
ニて取、おかいはと《飼イ鳩》也
一順風(19)、ひねり為致《イタセ》候
一暮頃、蒸気船一艘入津
印を見候処、くらく成《暗クナリ》能
ハ分り不申候得共、イギリ
ス之様見へる
一酒用ゆ
一弥三郎盃遣、其外例之
通り

(11) 食べ残し。
(12) 慰みに漕いでみたが、櫓が重くて漕げない。
(13) うねりを避けて裏側に繋船。
(14) 入湯。
(15) 淫売婦。
(16) 櫓櫂の入り口か。
(17) 遠眼鏡。
(18) 龍鱗か。
(19) 御医師順庵のしこ名。

一順風落し噺
一酔中書をかく
一イキリス人りく《陸》へ上リ居候
由、図書《図書ノ》家来申候ニ付、船の
名、乗主の名等為聞《聞カセ》候処、
左之通リ
イキリス　アデリアン
船名
　ヲビサ
薩人二人乗居候、金銭十枚(1)
ニて船便かり候事、長崎
え参候よし
一今夜ハ相応大酔
一四ツ半頃寝
同十三日大時化雪ふる
一六ツ過目覚
一朝飯三ツ程
一昨夜中より大時化《オオシケ》ニ相成、中〱
船之出候様天気ニ無之候、
困リ入候事、今日も退屈之事と存候
一昨夜入津の蒸気船、未明(2)、出
船大時化ニても平気ニ出船
一順風、按摩為致候
一色々雑談いたす
一昼飯三ツ程
一退屈、寝たり起たり
一今日ハ寒き故、櫓かいより、なか《眺》
めも不出来候
一晴之助、庄之助、順風、陸上り
いたす
一風《ママ》とさかなつれると云事
ニ付、直ニとも《艫》え参、見候処、
たなご《鱮》と云さかなつれ候
ニ付、直ニつりを下し《タラシ》候処、
よく喰、暫時ニ四疋程つる、
庄之助ハ十疋つる、面白く
都合二十余、所務《ショム》(3)五寸程
一暮過より酒用ゆ

---

(1) 十両で英船に便乗した。
(2) 明け前。
(3) 獲物。

一只今とり候たなご、醤油
焼、煮付ニ致給《食ベル》、あたらし
く風味よろし
一例之通皆々へ酒遣
一たなこ《鱮》、船頭始船中へ遣、
皆々とも《鱸》ニて給る、せごし(4)と
引焼之よし
一船頭、風之模様を見ニ参
候処、沖合ハ余程あらし
居《オリ》、未何とも不被申由也、
何卒早く静ニ相成候様存候
一酒済《スミ》、右手おし《押シ》坐すまふ《相撲》
色々致、大さわぎ〳〵
一四ツ前頃寝
同十四日時化夕方静
一六ツ半過目覚
一朝飯二ツ半位
一順風、按摩申付候
一弥三郎機嫌伺ニ出

一昨夜少々風静ニ相成居候所、
暁方より又風つのり、今日も
出船無覚速(5)、当感(6)いたす
一今朝もたなご、船方(7)つり
候得共、余りくい不宜、二三
疋つれる
一弥三郎上陸、をが玉と申木(8)
の枝とり帰る、めつらしき《珍シキ》
木也
一昼飯弁当半分位
一庄之助抔雀とりニ上リ候得
共、雀ハ不取
一少々昼寝する
一庄之助、にハとり《鶏》一羽貰帰、
雀三羽投網ニて、同人所務
一魚次ニて、十疋程つれ候事
一夜食相応給
一庄之助、又雀四羽さし(9)帰《カエル》
一此辺山々、皆桃の木なり、一ケ

---

(4) 骨付きのまま食べる小魚の料理法。
(5) 無覚束(覚束なく)の誤り。
(6) 当惑のまちがい。
(7) 船頭など。
(8) 木蓮の一種。
(9) モチ竿で刺す。

年、余程《ヨホド》の利易(1)有之よし
一暮頃順風帰ル、当所ニ昔の
しる《知ル》人有之、尋候処御馳走
ニ相成、女郎抔(2)亭主呼
寄候よし、大ニ面白く有
之由ニて色々咄致、亭主
書をかき候唐紙、半切《ハンセツ》(3)ニ書持
参致、印もほり貰候、女郎
もほつく(4)をいたす、順風酩
酊也
一暮頃より酒用ゆ
一順風落《オトシ》ばなし、色々うた
うたい候、大ニ慰ニ相成、一坐大
笑〱
一庄之助とり帰り候雞《ニワトリ》給る、ぢと
り(5)故かたし
一五ツ頃寝
同十五日晴
一六ツ半頃目覚

一今朝快晴
一昨夜イキリスカラバの船湊
之沖へ参、藝州人二人上陸致、
うしまへ一寸参候由、うしま
と申所ハ無御坐、うハしま《宇和島》ニは
是なき哉と申候処、うハしまか
もしれんと申事、しかとハ
不分、直ニ今日昼ニハ帰候よし、船
宿へなし(6)候よし、今日申出ル(7)
一朝飯三ツ程
一五ツ頃出船、能追手《ヨキオイテ》ニ相成、風は
北東風
一櫓かいへ上リなかめ候事
一此処いつき《齋》なだ《灘》(8)
一伊豫の山大雪、大洲長濱の
少々上の山のよし、此様子に
てハ宇和島も雪ふり候哉と
存候、雪、余程つミ《積ミ》候様見へる
一天気よろしく、時々艪かいへ上り、

---

(1) 利益。
(2) 遊女。
(3) 唐紙や画仙紙を半分に切った紙。
(4) 発句、俳句。
(5) 地鶏。
(6) 話し。
(7) この話を裏付ける史料はない。
(8) 瀬戸内海西部、防予諸島と芸予諸島との間の水域。

所々なかめ候
一昼飯三ツ程
一時々上へあがり、又下《オリ》候(9)
一よふ〳〵伊豫路へ渡《ワタリ》、安心少々
致
一松山領三ツ之浜手前へ参候、と、
跡より蒸気船一艘参候処、蒸
気船ハ大瀬戸を通り候趣故、
ごご島(10)内へハ不参趣也、誠ニ此
船を向《ママ》(11)参候様子故、何そ松
山へ参候船ニ可有之旨、船方
申候ニ付、見居候処、さんじ《暫時》
ニ、此舟の右手を先へ廻り、
三ツのはまへいかり《錨》をおろ
す、細川の船(12)と見へる、松山ニ
てかり候か(13)、不分《ワカラズ》、兵庫沖
ニて此間見候船也
一暮過、大洲領郡中へ着船、
暫時汐かゝり

一酒用ゆ
一此辺鴨居《オリ》、網数々引居候
一酒皆々へ遣、例之通色々
雑談致
一船五ツ頃出ス
一同刻過寝
同十六日晴夕雨
一昨夜中通船、大洲長浜
河ぎり《霧》つよく、だし風《出風》(14)き
ひしく舟ゆれ候風も相応
つよし
一右川の下を通り過候と、少も
波風無、至て静なりき妙《奇妙》
之者《モノ》なり
一暁七ツ過いさき(15)へ着船致、
一同安心大慶存候
一夜明次第上陸之趣申出
一弁当給
一六ツ少々過、庄屋(15)処へ上ル

---

(9) 景色を見に櫓櫂〈一〇〇頁注（1）〉へ上がったり降りたりする。
(10) 伊予松山藩領、興居島。
(11) 宇和島御座船に向け。
(12) 肥後細川藩。
(13) 松山藩が借りたのか。
(14) 陸から海へ向かう風。
(15) 宇和島藩領磯崎、海から領内に上がる港。
(16) 磯崎庄屋、二宮友次郎。

一暫時休息、同所立
一同所庄屋より鮮鯛献
一此辺高山ニは雪のこり居候
一小川精一郎(1)、いさき庄屋へ伺《機》
機嫌《嫌伺イ》ニ出候間、目見《メミエ》申付、色
々尋候、作方(2)余り不宜《ヨロシカラズ》、雨俄
の冷気障《サワリ》候よし、未刈《カリ》不申
処所々有之、至てあし《悪シ》候
一宮内村庄屋(3)処、小休
一かつぶし献上
一図書よりうさぎ献上
一無程、同所立
一今日ハ船上り、直ニ山坂を歩
行、大ニくたびれ候
一九ツ頃八幡濱庄屋浅井
万兵衛(4)宅へ着
一ようかん《羊羹》出茶給
一昼飯うなぎめし万兵衛
より上ル

一髪結候事
一入湯致
一万兵衛始品々献上物致
一應挙(5)びょうぶ《屏風》見 未仙領《ママ》と中候節也
一まんぢう《饅頭》出茶菓子給
一夜食三ツ給
一少々眠、順風ひねり致
一暮過より酒用
一亭主より色々馳走上ル
一図書盃遣
一宮川轉(6)、代官小川精一郎、
須藤忠太夫(7)盃遣、色々咄
一万兵衛ハ隠居之事故、
別段故、呼内々盃遣
一縁坐敷へ、宮内庄屋都築
與左衛門、当庄屋浅井市
兵衛出、図書より盃遣、色々
尋候、当時與左衛門ハ一番
当組ニて、わけ之分り役ニ立

---

(1) 宇和島藩士、保内組代官(『由緒下』三六二頁)。
(2) 稲の生育状態。
(3) 都築與左衛門。
(4) 庄屋浅井隠居、当主は市兵衛。
(5) 円山応挙、仙嶺とも称した。
(6) 八幡浜御番所勤、宮河四郎兵衛か(『由緒下』三九二頁)。
(7) 中之間御徒士(『由緒下』二〇一頁)。

候者之よし
一孫三郎、小姓へも盃遣
一四ツ頃寝
同十七日時化
一六ツ半頃目覚
一朝飯二ツ色々馳走出
一勝手之方、所々廻り見、至て
手広シ
一鷺鳥も不相替、三羽共至
極げんき、玉子も出来候得
得《ママ》(8)何分かへり《孵リ》不申よし
一あいの子も四五羽居候得
共、皆おとし(9)ニ相成候事
一遊所(10)より養候犬げんき《元気》、此
頃ハ大分兎のあとつけ候
様に成候よし
一万兵衛部屋へ参《マイリ》、見る
一丸(11)ニ緋鯉沢山居候
一五ツ頃立

一町はづれニ新道出来候、此
迄とかく水出候節(12)ハこま
り候よし、新《アラタノ》道付《ツケ》、土手
出来候てより、其うれい《憂イ》なき
由
一若山村女夫岩《メオトイワ》参見る、至
て見事瀧有之、画もおよ
バぬ影《け》色也
一と中《途中》日土《ヒヅチ》の庄屋手馬《テマ》(13)ニの
る、ふじの青馬也(14)、さつま《薩摩》
出之由
一笠置《かさぎ》山坂、取付《トリツキ》(15)より歩行
一坂中、折々暫時休息
一峠《とうげ》より田を一目ニ見へる、領中
一番広き所也
一昼弁当給
一岩木村《イワキムラ》小休
一此辺、田半分位も稲かり残
し有之故、為承《ウケタマハラセ》候処、不作ニ

---

(8) 共。
(9) 食用に処分。
(10) 仔犬の意か。
(11) 丸池の意か。
(12) 洪水の時。
(13) 運搬用の賃貸し馬。
(14) 藤色がかった葦毛馬か。
(15) 麓（ふもと）。

て立見《タチミ》願(1)出候由、見かけ候て
も至て不宜《ヨロシカラザル》様見へる、八月頃
雨さわり《障リ》候と存候
一岩木村庄屋(2)より鯉献上
一無程、同所立《立ツ》
一途中ゆる〳〵歩行、七ツ前
頃、卯の町庄屋清水甚左衛門
宅へ着
一図書休息処へ参見《参リ見ル》、甚左衛門
部屋之よし、至てきれゐ也
一同所ニて茶給、かき《柿》、菓子給
一甚左衛門妻之織候きぬ(3)見る、
能出来居候、かゐこ《蚕》のいと《糸》見る、
極ゑらみ(4)ハ至極きれゐ《綺麗》、国の
かいこニて取候いと《糸》ハ不宜候
一入湯致
一髪結候事
一甚左衛門始、近所庄屋より品々献上
一喜木(5)之菊地忠兵衛(6)と申者より、昨日八
幡濱へ不出、今朝出候処、早御
立後ニ相成候ニ付(7)、当所(8)迄罷
出、所務之兎一疋献上致
一宮内庄屋都築與左衛門、今
日、岩木村迄参、色々世話致、最
早岩木村迄ニて暇《イトマ》遣候処、態《ワザ》
々《ワザ》当所迄出《出テ》、干枝(9)献上致
一庄之助、途中ニて雀為打候
処、二十程打
一庭へ雀参候故心懸候得共、うて《撃テ》
不申候
一卯之町ハあたらしき肴抔
も沢山有之、かも抔もつり(10)
有之候
一夜食三ツ程、色々料理出
一料理當所ハ上手と申事ニ
候得共、飯之さい《采》ハ八幡
はま《浜》より不宜候、
暮過より吸物酒給、

---

(1) 年貢調整のための作柄評価願い。
(2) 牧野儀兵衛。
(3) 絹反物。
(4) 特別に選別した蚕糸。
(5) 「きぎ」村。
(6) 喜木村庄屋。
(7) 今朝八幡浜通過の時遅れて出頭しなかった。
(8) 卯之町。
(9) 干柿か。
(10) 鴨などを店頭に吊す。

図書盃遣
弥三郎、長野平之助盃遣
平之助(11)宇和代官也
一料理数々出
一酒の肴ハ八幡より余程気
のきゝさかな《肴》也、かも吸物、
太平(12)也
一亭主次(13)ニて酒遣
一其外、当所迄、供并ニ機嫌
伺ニ出候庄屋五人程、縁坐
敷ニて酒為呑候、色々尋
候
一今夜、存外大酔ニ相成
一四ツ過頃寝
一六ツ前目覚
同十八日時化
一朝飯三ツ湯漬《茶漬ケ》ニて給、色々
漬物など出
一図書始出

一六ツ過、卯之町立
一今朝きり《霧》ふかく、三十間位より
先ハ不見
一法華津坂、中半より上ハきり《霧》
無之、谷合《谷間》ハきりつよく、実
ニうみ《海》とまがふばかり也
政宗公の御歌を思出し候
様存候、御歌左の通かと存候
　谷あいのきりハさなから
　海ニにて波かとまかふ
　　松風のおと
一ほけづ《法華津》坂とふげ《峠》眺望よ
ろし、右海上見はらし、
左谷合の霧を見る景
色、筆ニ尽しがたし
一峠ニて供の庄屋中より重詰(14)、
卯の町庄屋甚左衛門よりひよふ
たん酒、上ル
一茶椀ニ一杯給《ノミ》、跡《後》、図書始へ遣、供

---

(11) 宇和代官・長野平之助。
(12) 人名か、満足気分を表すか。
(13) 一段下の間。
(14) 重箱に詰めたご馳走。

中(1)へも遣
一長野平之助へ茶椀共遣
一残りの酒肴庄屋へ遣候様、
平之助へ申聞
一平之助、庄屋中、此所ニて暇
遣
一所々にて、小休致
一四ツ過吉田在、館《ヤカタ》(2)へ着、立間
庄屋(3)辺より迎ニ馬参《マイリ》居《オリ》、乗《ノル》
一若狭守殿(4)、式台まいら戸(5)
内迄出迎(6)、屋間書院へ通ル
一のし(7)上《タテマツ》ル
一茶たばこぼん出
一今日ハ御着(8)ニ付目出度、一寸
吸物出し可申旨ニて、吸
物出、江戸風の料理也
一盃取遣(9)、相応酩酊
一図書被呼(10)、盃遣され候
一吉田家主人(11)盃遣

一弥三郎被呼、盃被遣候
一昼飯会席料理也、三
盛程給《タベル》、京都ハ勿論大
坂ニても、今日程の能かけん《良キ加減》
之飯ハ給不申《タベモウサズ》候
一九ツ半前頃立
一船手より船ニ乗
一七ツ過、都合能着城
一皆々出迎ニ出
一表書院ニて、老若目見、諸
役人出 歓《オヨロコビ》申上ル
一熨斗《ノシ》上《タテマツル》(12)ル
一七ツ半頃、休息え参候
一吸物上ル
一萬寿始(13)、皆々対面、武四郎(14)
始て対面、至極大丈夫ニて
大慶致
一吸物上ル
一萬寿始、盃遣

(1) 供の連中。
(2) 吉田藩陣屋。
(3) 名前を特定できない。
(4) 吉田藩主・伊達宗敬（むねよし）。
(5) 舞良戸。舞良子を張った引戸。
(6) 礼を尽くした出迎え。
(7) のしあわび。祝いの儀礼品。
(8) 宇和島藩主・宗徳が到着。
(9) 吉田藩隠居・宗純と。
(10) 宗純が。
(11) 吉田当主・宗敬も。
(12) 道中無事、安着のお祝いの熨斗（のし）。藩主は自分のことだが、記録者として自分を客観化して書いている。
(13) 宗徳嫡男、万寿若、後の宗陳（むねのぶ）。
(14) 留守中に生まれた四男。

一奥老役、女中、歓出候者
え盃遣
一今朝より酒飲続けニて、酒も
不被給《ノマレズ》候
一諸所あるき見る、何も不替、坐
敷内ハ広く成候様思、庭ハ
せまく成候様存候
一庭鳥《にハとり》、不相替《相変ワラズ》、沢山居
一六ツ頃、御南御殿え罷出
一於御奥
大御二所様(15)え久々振御目
見申上、益《マスマス》御機嫌克被遊
御座、恐悦至極、無量御目
出度、奉拝賀候
一御熨斗出、頂《イタダク》
一御吸物上ル
一色々、御咄申上ル
一御盃頂戴、返盃致
一栄賀始、皆々、鳴物(16)被仰付候

一深川始、瀧をか(17)始、盃遣
一泊三郎左衛門(18)、盃遣
一今日ハ朝から酒を呑、今夜ハ余
り不被給候
一五ツ過頃下る、直ニ寝

(15) 九頁注(9)。
(16) 楽器類。
(17) 瀧岡か。
(18) 宿直の三郎左衛門へも。

【解　説】

伊達宗徳公在京日記　慶応四辰七月廿二日より明治元辰十月十八日着城迄

―宇和島・仙台伊達家戊辰戦争関連史料　その二―

近藤　俊文・水野　浩一

この御日記シリーズでは伊達宗城《むねなり》「御日記」に即して、幕末の宗城ならびに宇和島藩の去就をみてきたが、『御日記③』からは宇和島藩の戊辰戦争に主要な視点が移っているので、その趣旨を全うするうえで、どうしても避けて通れない宗城の養子、第九代宇和島藩主・伊達遠江守宗徳《むねえ》の「在京日記」を『御日記④』として取り上げた。(1)

『御日記④』は、宗徳が藩主として書いた公的日記としての「御手留日記(2)」であるが、草創期ミカド政府の朝廷の素顔、幕末大名家一族の私生活、一藩主の旅行記としても、興味の尽きない内容がある。読みやすい文章であるので、それらも楽しんでいただければと思う。

一　宇和島藩主・伊達宗徳にとっての奥羽問題

宗徳は七月十七日に入洛しているが、日記は同月二十二日から始まる。

話はさかのぼって五月二十日、仙台伊達藩の反状が明白になり(3)、さらに三十日には朝敵と目されたので(4)、宗城は六月十五日に仙台藩説得に率兵東下する願書を出した。(5)しかし、宗城の命令で六月三日に京を出た須藤但馬の宇和島説得工作は失敗に終わっていた。(6)ことと次第によっては、宗主藩とも目される仙台勢と一戦を交えるリスクを負う決定を、宇和島藩としてはできなかったのだ。

そんな状況のなかで、最初は宗城が、ついで宗徳が仙台へ下る計画の経緯については、『宇和島伊達家叢書⑤』（『御日記③』）一二一―一二三頁をご参照いただきたい。

七月十七日の宗徳入京の当日に、輔相・岩倉具視から宗城へ「其方儀同姓伊達陸奥守父子、臣下ニ至迄《いたるまで》悔悟為致度《致させたく》志願之趣被為聞食《聞こし召させられ》、當官之儘進退任其意《その意にまかせ》、速ニ充分之見込貫徹致候様被　仰《仰せ》付《付け》置《置かれ》候處、即今當職務殊更御用劇ニ付、息遠江守東下為致、前條貫徹候様可取計旨、改而《改めて》被　仰付候事」(7)との命令書が手交されていたのである。あまりの手筈の良さに、あらかじめ宗城と岩倉が談合していたと思われるし、『御日記③』で述べた家老桜田出雲の建議(8)もまた宗城からの働きかけの結果だとするほうが自然であろう。在京藩上層部がそろって、あまり乗り気でない宗徳に慫慂する構図が目に浮かぶ。

こうして、七月二十八日の日記に宗徳は「東行も弥《いよいよ》陸路を江戸迄先参《先に参り》候処ニ内々決定致《致す》(9)、江戸へ参、其上奥州之模様次第、彼方へ参積《参るつもり》」で「来月三日出立之含《含み》」とその決意を一応は吐露しているのだが(10)、なんとなく腰の入らない雰囲気である。艦船が調達できなかったのも、兵隊もあまり連れて行かない口実になったようだ。七月二十三日に、京都宇和島藩邸公用人・木原半兵衛が三百五十人分の袖印を軍務官に請求していたにもかかわらずである(11)。

翌二十九日、秋田藩の勘定奉行で京都留守居の高久祐助が宗徳に謁見して、「秋田先月中、度々會津、仙臺様の使者度々《ママ》参《参り》、征討将軍の公家衆(12)を帰京為致《致させ》、薩長人数(13)渡し候様しばく掛合ニ相成、無致方《致し方なく》、仙臺會津を始使者七人の首を切ごく門《獄門》(14)ニかけ候、夫より佐竹一国皆必死之覚悟ニ相成、所々口々を固め、過十二《過ぐる十二日》より戦争相始、會津大将柳輪播磨《やなわはりま》、五十嵐岱助《いがらしたいすけ》之首とり候」と秋田の近況を報告し、「実ニ秋田一国独立のすかた《姿》にて、応援の兵不参候て、とても六ツケ敷と日夜心配、てき《敵》ハ四方八方へまハり居候て、一日も加勢人数不参候て不相成《相成らず》、大心配」とその窮状を訴えた。ちなみに宗徳室佳姫は秋田藩の出である。

時あたかも宗徳出立予定の八月三日に、仙台・米沢を朝敵として討伐し、領地召し上げの方針が政府で打ち出され、宗徳の仙台行きが頓挫する。[15]

翌四日には越後口への出兵を岩倉は命じるのだが、[16]その日の宗城の日記には「出兵の事輔相及内談、越後口へ遣候様との事也」[17]とあり、この二人の話し合いで決まったと思われる。秋田に近い越後口なら宗徳にとっても受諾しやすい。

三日、宗徳は日記に「仙臺弥逆賊と相成候ニ付、最早義絶致《致し》、且又《かつまた》、越後長岡賊兵、愈盛《いよいよ盛ん》ニ相成、長おか《長岡》城七月廿五日賊兵取返し候よし、薩州長州の人数大敗北のよし也。右ニ付何等[18]少人数人《ママ》なから、御用相勤させ度旨相願候心得」と書いている。もっとも、それも宗城と相談したうえであろう。

ついで、「内々手びきも有之ニ付、[19]只今より大坂の兵隊蒸気船ニて越後へ発向之都合申遣」と、宗徳は日をおかず越後出兵に踏み切った。出雲日記八月四日には「当時在坂之兵隊不残越後口出兵被仰付候間、御家在坂兵隊百五十員出張、出雲取締として罷越候様被仰付候段申来候」とあり、その日のうちに出雲が東北遊撃軍将・久我通久《こがみちつね》に家来を接触させるというとんとん拍子の展開になった。[20]

この日宗城は弁事事務所宛に進退伺いを出したが、[21]宗徳日記では、午後七時に宍戸頼母《ししどたのも》が[22]「進退伺ニ不及候事」と付箋の付いた伺書を朝廷から持ち帰っている。

ところが、状況が一変する。越後出兵が取り止めになるのである。

出雲「備忘筆記」によると、八月六日、朝廷から内命が下り、沙汰があるまでは藩兵を大阪から動かすなとのことであったので、その旨を久我公に通達したところ、翌日「当藩兵士ハ朝廷ニても格別御頼ニ被思召候故、国土[23]之御守衛に被成度被存候」との連絡があり、久我は広島・小倉・鳥取・長州・佐土原の兵を引率

して越後へ赴き、宇和島藩兵は大阪に残されたあと、入京するのである。(24)

それでも、宇和島藩がご奉公を真剣に考えていたことは、旧京都所司代屋敷に集められた兵隊に御庭調練を繰り返していることで推測される。八月十八日から九月二日の間に七回の調練が、宗徳日記に記載されている。

二　宇和島藩による仙台藩説得工作

宗城の率兵東下が沙汰止みになり、宗徳の越後口出兵も中止となったが、藩として拱手傍観していたわけではなかった。

第一に、八月三日、宇和島藩には仙台藩討伐の勅書を仙台に届ける義務が生じていた。正使・桜田出雲が御長柄頭・玉田貞一郎、御小姓頭・冨田鑛之助、平士・市村鐙二郎を指揮することになったが、(25)出雲は越後出兵のうえに、明治天皇東幸に供奉する宗城の守衛のため、自身が東行する準備に追われていた。(26)

宗徳日記八月六日に「鑛之助明日奥州へ」とあるので、正使・出雲に先だって玉田、冨田、市村一行が、八月七日に出京したことになる。宗徳日記九月三日には、一行が八月十五日に江戸に入り、二十日に江戸を出立したとある。出立前日の十九日に冨田らは大総督府へ出て、大村益次郎に会って通行許可依頼書をもらっている。(27)

玉田ら一行が次に登場するのは仙台側の史料である。

それを述べる前に、宗城が手を打ったもう一つの使節、妙心寺僧両人について触れておく必要がある。六月二十一日の松平慶永「戊辰日誌(28)」に転載されている慶永宛宗城書翰には「妙心寺僧兩人仙臺へ為内使《内使として》差遣シ申候、極内々御心得可被下候、尤岩補相《ママ》ハ承知也」と自身の仙台入りの露払い役を妙心寺・瑞巌寺ルートで手配したことを報告しているのである。(29) 妙心寺僧両人とは、仙台伊達家ならびに瑞巌寺とも縁故がある蟠桃院《はんとういん》と雑華院《ざっかいん》方丈のことである。二人の使命遂行の概略を要約しておく。

七月の宇和島藩庁記録(30)には「侍従、同姓陸奥守父子臣下迠為悔疑、東下之御沙汰御坐候ニ付、近々發足仕候処、一先、東京迠仙臺家老呼越、申聞度筋《申し聞けたき筋》も御坐候間、右飛脚として手人《てびと》両人仙臺迠差遣度候間、東京より仙臺迠之道路通行不差支様、御印鑑等ニ而も御渡ニ相成候様御處置奉願候」とあるのだが、これは蟠桃院と雑華院のための通行証と思われる。

帰京した両僧が十月に宗城に提出した「手続書(31)」では、二人は七月八日に江戸に着き、宗城からの書翰を三条実美大監察使に提出したところ、大総督府の大村益次郎参謀から事情を聴取されたうえで、通行印章をもらい受け、二十日には白河に到着した。戦乱のさなかを何とか無事仙台領岩沼までたどり着いて、八月十六日に藩主・伊達慶邦、宗敦《むねあつ》(32)父子に謁見して、「宰相殿より之御口上具ニ申上候所、大ニ御歓悦被仰聞候（中略）對《欠字》 官軍不都合出来候ニ付、右等取調、曲直吟味之上、悔悟謝罪相願可申存慮」であるから、「父子勤《欠字》王之外他意無之旨宰相殿エ言上、《欠字》天邉宜敷御執成之程相願呉候様」と慶邦父子が歎願したと報告している。「家老を呼び出すための飛脚手人《てびと》」というのは口実だったのである。

ついで両使節は「大町因幡、片平大丞、松本要人等へ面談仕、参謀世良暗殺之者及官軍へ致抗敵候人数等御吟味、急ニ《すぐに》悔悟御謝罪、出兵人数御引揚等之義及談判」と片平、松本ら、名にし負う抗戦派の重役に早急の停戦を勧告しているのだ。

両方丈の努力が功を奏して、「八月二十三日以降、第一線ではなお戦闘しているにもかかわらず、家老伊達藤五郎の家臣が官軍肥後藩（細川）と接触を開始している」(33)という展開に至ったと思われる。両僧は政治的使命を全うしたと評価すべきだろう。

一方、宇和島藩の玉田ら一行であるが、早駕籠で仙台領に入った一行(34)のその後の姿が現れるのは、主に仙台側の史料である。

九月九日の朝、奉行・石母田但馬《いしもだたじま》が降伏予備交渉使として、相馬口の政府軍陣営に向かっている途中、五軒茶屋にさしかかったとき、宇和島家の使者三人と出逢ったとしているのが、仙台側史料での三使節の初登場である。但馬が「西軍へ和ヲ請フノ使者ヲ命ゼラレ、（中略）九日明六時出發シテ五軒茶屋ニ至リシニ御目附丹野善右衛門ガ附添ヘル宇和島家ノ使者三人ノ來ルニ逢フ、則チ宇和島ノ御長柄頭玉田貞一郎御近習富田鑛之助、平士市村鐙次郎ナリ、一行ハ八日ヲ以テ岩沼ニ入リ世子ニ謁シテ告グル所アリ、世子ヨリ仙臺へ報告ニ及ビ、翌九日玉田、富田、市村ノ三人ハ仙臺ノ御目附丹野ト共ニ入仙セントシテ五軒茶屋マデ至リシナリ」(35)とある。

『仙臺戊辰史』の宇和島使者関係の記事は、どうやら佐藤信《まこと》編著『戊辰紀事　前篇』(36)がその下敷きのようであるので、以下これも参照しながら話を進めよう。

三　伊達宗敦の苦悩と忠勤

岩倉具視や実父宗城から、仙台が一手《いって》会津討伐[37]とまではいかなくとも、せめて新政府の東北での橋頭堡となることを期待されて入仙した宗敦は、優勢な朝廷への抗戦派と、数が劣るが敗戦続きで厭戦気分が追い風になる恭順派がせめぎ合う仙台藩の世子の座にあって、両派の間にゆれて足並みが揃わない藩政に苛立つこともあったが、藩政の采柄《さいづか》を握る養父慶邦の心を、次第につかんでいったようである。

大山柏は「家老伊達藤五郎《だてとうごろう》の家臣が官軍肥後藩（細川）と接触を開始し」たのが、「発展して、駒ケ峰方面仙軍の総大将たる執政石田正親《いしだまさちか》までが、和平論に同調して藩主の嗣子伊達宗敦に説き、また仙台に帰って藩主慶邦も説《ママ》得した[38]」としているが、実際のところ宗敦は、当初から尊皇と早期停戦の信念にもとづいて主体的に行動しているのが、佐藤信の本でよくわかる。

宗敦の軍団指揮については、ひとつ謎めいた行動が知られている。慶応四年七月十二日、慶邦名代として出馬していた宗敦は、岩沼の竹駒神社前で突如白河口から相馬口へと進発先を変更したのである。「衆議沸騰したが、異論かまわず相馬口へ向け進発させ[39]」たと伝えられている。

彼が方向転換した理由が謎なのであるが、仔細に史料を読めば答えはおのずから表れている。以下、宗敦を支えた参政・氏家兵庫《うじいえひょうご》の述懐から始めよう。

仙台郊外の岩沼にいた宗敦は閏四月五日、白石《しろいし》本陣で養父慶邦との初対面をはたした。会津討伐の可否、仙台藩の去就について、慶邦は「悉詳土佐に問ふべし」と言うのみで、自身の意見を述べなかった。抗戦派但木土佐《ただきとさ》、坂英力《さかえいりき》との会見では、東北弁が判別できない宗敦とのあいだに、意思が十分に疎通しなかったが、「土佐の言若《もし》事實ならば、朝命を背《ママ》き逆賊を助くるの御不審を蒙ること必定也。尤曩《さき》きに仙臺一手討會《とうかい》の勅命を蒙り、予重て父子倶に盡力成功を奏すべき由の聖旨を蒙りながら、奉命せずんば全《まったく》違勅と成るべし。是《これ》則《すなわち》大義順逆の岐る《わかるる》一所、大事なるべし」と考え、慶邦説得のためふたたび白石へ赴こうとしたが、近習たちがそれを許さなかった。[40] 岩倉や宗城の意を受けて下向した宗敦だから、但木、坂などとは、はなから対立する運命にあったといえよう。

白河《しらかわ》口は五月一日の政府軍占領以来、奥羽同盟軍の攻撃は十回に及んでいたが、ことごとく退けられ、磐城《いわき》・平潟《ひらかた》口でも政府軍の優位はだれの目にも明らかとなっていた。

ともに一門の登米《とよま》領主・伊達筑前（邦教《くにのり》）と亘理《わたり》領主・伊達藤五郎（邦成《くにしげ》）があい語らって、「藩主慶邦と世子宗敦が出陣し、相馬磐城両国を督戦するよう建白書を藩主に[41]」奉ったのが七月初めで、また、「慶邦出馬し、親《みずか》ら指揮するにあらざれば全軍迚《とても》振はざる由、出先の執政、隊長頻りに急報する[42]」のだが、結局宗敦ひとりでの出陣となったのが七月十一日であった。

政府軍が本格的に磐城・平潟攻略に手をつけたのは、六月十六日の上陸戦（第一陣）からである。七月九日の第五陣までに、延べ二七三八人もの将兵が平潟港から上陸している。ちなみに、上陸作戦はその後第十次動員（七月二十七日の熊本藩兵四八九人と徴兵七番隊[43]）まで続く。

これらの情報はおおまかには仙台側に諜知されていたと考えられ、宗敦が馬首を変えたのは、仙台藩境から遠くはなれた戦場で、政府軍の本格的大攻勢を避けたとみるのが戦術的にも妥当ではないだろうか。まして、抗戦を大義に悖《もと》ると信じている宗敦にとっては、当然の行動だったのだろう。沸騰する衆議、異論を考慮した形跡がなかったという。(44)

しかし、宗敦の出馬にもかかわらず(45)、新兵器で優位を保つだけでなく、数の上でも日々増強する政府軍には抗しがたく、ついに宗敦軍参政・笠原中務《なかつかさ》が八月一日仙台に出て、直接慶邦に敗色を告げ、「宗廟社稷悉く皆灰燼とならん事疑なし。（中略）断然歸順、伊達家累代の宗廟を滅却せざるやう計りたまふべし」と直訴した。驚愕、馬を駆って岩沼へ出た慶邦に、宗敦は自分が実際に経験した戦陣の実態を報告して、慶邦ももはや戦争終結のやむなきことに、はじめて同意した。(46)

そのあと、執政は抗戦派の大内筑後から大町因幡へ、参政は笠原中務から氏家兵庫へと変更になるが、新執政、参政そろって相馬口での停戦に合意する。

しかし、「謝罪の事は宗敦一己には成難《なりがた》かるべし」と、慶邦の意向を確認しようとする氏家らに「宗敦いらつて機會實に失ふべからず、猶豫して仕損ずべからずと、膝を叩てせき立たり(47)」と記録されている。

このときすでに、次に述べる氏家竹之助《うじいえたけのすけ》の細川藩工作が実を結びつつあった。その辺の事情を宗敦がどの程度知っていたかは、確かめる術《すべ》がない。

四　仙台藩の肥後細川藩への終戦工作と宇和島藩

停戦工作は、慶邦父子合意のあと急展開をみせた。あずかって力があったのは一門、亘理城主の伊達藤五郎（邦成《くにしげ》）、実働部隊は藤五郎隷属の鷲尾右源太、桑島猛人、片平近蔵などの陪臣であったが(48)、仙台藩参政・

氏家兵庫の努力も大きかった。

仙台の医師に氏家竹之助（初名道以《どうい》、また道怡《どうい》）なる勤王家があり、但木土佐暗殺未遂で入牢していたのが[49]、その経緯は不明ながら六月六日に突如釈放されていた。八月に入って肥後細川藩からの接触があり、竹之助は仙台藩降伏斡旋に動くのである。[50]最初の接触が細川藩の方からあったことを確認しておきたい。

竹之助は氏家兵庫（それまでに両者に関係があった可能性は否定できないが、竹之助との血縁はなさそうである）[51]に接近したあと、鷲尾右源太らと謀って、八月十三日に百姓、長左衛門と彦左衛門を西軍先鋒の細川藩陣頭に送り込むのに成功。劇的な紆余曲折のあと、十五日に細川藩の参謀・津田山三郎（信弘）と家老・米田《こめた》虎之助が、長左衛門、彦左衛門が通報した仙台の降伏論をなんとか了解する運びとなり、仙台側重役の出頭を求める竹之助宛書翰を持たせて長左衛門を釈放した。竹之助はさっそく経緯を兵庫に報告し、兵庫は執政・石田正親《まさちか》と密議のあと、一部始終を慶邦の耳に入れた。兵庫は正式な降伏使節を派遣する慶邦の内命を得たので、その道をつけるため、抗戦派の襲撃を恐れながらも、慶邦の側目付・堀省治と亘理にある相馬口へ出て（すでに藩境は破られていた）、津田参謀などと予備交渉を行ったのが八月二十九日だった。[52]

一方では抗戦派のボルテージも上がっていった。

藩内は「闔藩《こうはん》（全藩）の諸士逆意を興《くみ》するもの十にして七八（十中七八は抗戦派）に居り、正議《ママ》を固守するもの僅か二三に過ぎず」という状況なので、「謝罪の説を唱ふる者八十餘人を捜索し、悉く斬首せずんば、戦士の勢ひ不振《ふるわず》との暴説」を唱えるクーデターもどきの計画まで練られた。それは露見して未遂に終わったものの[53]、「謝罪の儀殆んど破れんと」[54]する実情で、九月四日には藩主父子の再出馬を要請する騒ぎにまで発展した。

それを知った宗敦は、密かに兵庫を呼び「朝命を奉ぜんとすれば、父の令に反き、父の令に従はんとすれば逆賊となる。（中略）寧《むし》ろ令に反くも逆賊とはなるまじ。啻《ただ》一死を以て其罪を謝すべし[55]」と決心を披瀝したという。

兵庫は、強硬派の執政・片平大丞《かたひらだいじょう》に「最早《もはや》若君（宗敦）既に決心し玉へば、従令《たとえ》父公の命なりとも、決て進撃はし玉ふまじ。強て命ぜられなば、自刃と覺悟し玉ふ事疑なし」と宗敦の素志を明かした。大丞も驚き、慶邦が岩沼にいる宗敦を呼んで意見を聞くこととなった。

「宗敦不撓《たゆまず》、謝罪の事既に決議し、官軍御取受に成るべきの手續まで相出たるを、今更何をか論ぜん、進軍の事決て（かならず）控へらるべしと諫爭し、慶邦も又敢て迷はず、断然進軍は難成《なりがたし》の厳命を下せり[56]」という結末に終わったので、藩主・慶邦は宗敦の諫言によって、この場を乗り切ったといえよう。

九月九日には執政・石母田但馬が、降伏予備交渉使節として出立するのであるが、五軒茶屋で宇和島藩使者三人に邂逅したのは先に記した『仙台戊辰史』の記述のとおりである。但馬は、宇和島使節の重要性を考えて、彼らとともにひとまず仙台へ引き返した。

慶邦は「勅書拝見、愕然恐懼」して、「重て私（但馬）に申付、速に官軍に謁し國情を陳述せしめ」たのだが、「然《しかる》に此時、國論未だ一定不仕、姦徒等私を路に要し之を支《さしつか》へんとす（途中で要撃して邪魔しようとした）。依て私微行して翌十二日出立、宇和島之三士と[57]」ともに、細川家米田虎之助はじめ総督府御使番《おつかいばん》・澤田四郎兵衛、細川軍参謀・馬淵次郎八などが待ち合わせる民家に向かった。

ここで注目せざるをえないのが、宇和島藩士一行を相馬口の交渉の現場へ、毎回同行させていることである。石母田但馬の予備交渉の時も、(58)伊達将監の正式な降伏式においても、(59)同伴しているのである。宇和島使節一行の姿を見せることで、疑念の目でみられてきた仙台降伏論の忠誠度を、慶邦が担保させたのであろうか。

鹿児島・佐土原・大村・久留米・柳河・福岡・長州・岩国・広島・岡山・郡山・鳥取・津・笠間・大洲の諸藩まで参加した平潟口政府軍の中で、一番最後に参軍した細川藩が仙台藩に働きかけ、仙台降伏交渉をまったく一手に処理できたのはなぜか。細川藩が仙台の立場を好意をもって朝廷へ周旋し、仙台藩の回護を図ったことは、『仙臺戊辰史』も先に指摘しているところである。(60)

このとき、熊本細川藩と宇和島藩との間にはいくつかの友好的接点があったが、大きな絆は細川藩の実力者で新政府の軍務官副知事、藩主の弟長岡良之助（細川護美《もりよし》）が宗城とは極めて親密な関係にあったことで、宗城の御日記と宗城宛良之助書翰に歴然と表れている。(61)

内訌激しい仙台藩の降伏が安穏に成就するように、宗城が良之助に頼みこんだ可能性をむげには否定できないように思われる。いうまでもなく今後、史料的に裏づけなければならないが、一つの作業仮説として提示しておきたい。さらに一歩仮定を許していただければ、大総督府で西郷隆盛に代わって奥羽戦線の指揮を執っていた軍務官判事・大村益次郎(62)の声もかかっていたのかも知れない。(63)「戊辰紀事」などによると、それほどにも仙台降伏交渉における細川藩側の配慮は好意的であったのだ。

五　箱館出兵命令下る

「宗徳在京日記」に返る。

九月七日記事には、「今日軍務官より公用人御呼出ニ相成、登《のぼる》出候処、箱館へ人数五百人出張被仰付候」とある。越後出兵を免れ、ほっと一息ついた矢先の厳命である。宗徳にとっては、晴天の霹靂だったのではないか。その日の日記にくどくどと不満をならべ立てた。

仙台問題で煮え切らなかった宇和島藩に、ついに懲罰的ともみえる過酷な命令が出て、宗徳は宗城の帰邸を待ち、図書なども加わり鳩首協議に及んだ。拒否できないとする宗城の意見に宗徳は当惑する。

いずれにしても、問題は再び、兵員を輸送する艦船問題だった。

この日の箱館出兵命令は、「同様被仰付候内、永井能登守[64]阿部福山[65]也、右へハ船も相渡しニ相成候故、直様《すぐさま》出張之含大ニ勢の様子、当家へは船御渡し無之」と宇和島藩にだけ、軍務官は艦船を斡旋しなかった不満を述べている。

のちに艦船問題が、大村益次郎をも巻き込んで大政治問題化するのだが、宗徳日記では「船無之内《船これ無きうち》ニは又何等替り候事も有之べくや、御用捨筋[66]かも知不申《知れ申さず》との考も有之」と呑気なことであった。また翌八日の日記で、軍務官の「是迄一向御人数出居不申故、是非早々出兵無之而ハ不相成」との説明をも、「如何之事哉《いかがのことや》、不相分」とするのは理解できないし、藩への達書では「其藩兵隊五百人至急箱館へ出張可致旨申達候事、但船之義ハ其藩ニて相計可申《あい計り申すべく》候、尤艦雇入料壱万九千八百両御下相成候事[67]」と艦船代の予算まで付けているのだから、宗徳の「御用捨筋」の楽観論はどう考えても腑に落ちない。

とにかく京大阪の宇和島兵だけでは足りないので、全員が帰国し編隊を組み直したうえで、艦船をなんとか工面して山口の下関で乗船する、という大まかな計画を立てた。在京藩兵がすべて出発したあと、十月三日に宗徳は京を出て宇和島へ向かった。

この後の展開は、次回の『〈宇和島伊達家叢書⑦〉伊達宗城公御日記④―宇和島・仙台伊達家戊辰戦争関連史料 その三―』の解説に譲らなければならない。

稿を終えるにあたり、多くの知見が得られた『戊辰紀事』などを快く貸与くださった木村紀夫氏に、心からの謝意を表します。

参考文献〈『　』、「　」は注記での略語。辞書類では頁数は付けない。再掲では発行年月、発行所を略〉
『明治天皇紀 第一』(『天皇紀 一』)、『明治維新人名辞典』(『人名』)、『増補幕末明治重職補任』(『補任』)、『百官履歴』(『百官』)、佐々木克『戊辰戦争』(『戊戦』)、藤原相之助『仙臺戊辰史』(『仙戊史』)、保谷徹『戊辰戦争』(『戊辰戦』)、木村紀夫『仙台藩の戊辰戦争』南北社、平成二七年(『仙戊戦』)、大山柏『戊辰役戦史 上下』(『戊役史 上下』)、星亮一『会津戦争全史』講談社、二〇〇五年(『会戦史』)、佐藤信『戊辰紀事』私家版[68]、昭和一〇年(『戊紀事』)、片岡栄治郎『ある奉行と秋田藩の戊辰戦争』秋田文化出版、二〇一七年(『秋田戦』)、岩山赳夫「油井順之助事件について」「東盤史学 第41号」七六―八〇頁、平成二八年、東盤史学会(「岩山論文」)、村田峰次郎『大村益次郎先生事蹟』私家版、大正八年(『事蹟』)、勝田孫彌『西郷隆盛傳』明治二八年(『西郷傳』)、『勝海舟全集14』勁草書房、一九七〇年(『勝全集』)、「大日本維新史料稿本」(「大維稿」)、宇和島伊達家叢書③~⑤『伊達宗城公御日記』(『御日記①』、『御日記②』、『御日記③』)、胡光編「宇和島藩家老櫻田家文書資料集」史料番号185桜田出雲「公私備忘筆記」(「備忘筆記」)、『宇和島藩医学史』宇和島市医師会、平成十年(『医学史』)、宇和島藩庁伊達家史料Ⅰ~Ⅲ『家中由緒書 上中下』近代史文庫宇和島研究会(『由緒書 上中下』)、一九七八~八〇年、安達裕之『日本の船 和船編』船の科学館、平成十年(『日本の船』)、幕末軍事史研究会『武器と防具 幕末編』新紀元社、平成二〇年(『武器防具』)、久住真也『王政復古』講談社現代新書、平成三〇年(『王政復古』)。

公益財団法人宇和島伊達文化保存会所蔵文書の略記については以下の通り。

甲二十二號の二「戊辰七月十七日岩補相ヒ相渡 表書のみ宗城自筆」(「甲22―2岩書翰[69]」)、甲二十八號「仙臺一件取扱遷延ニ付 待罪書 宗城公」(「甲28待罪書」)、甲一〇五號「御直書」その一[70]「仙臺一件書類 御自書三通外二(中袋)仙臺 一件」(「甲105―1御直書」)、乙記録九〇「御觸達控」(「乙90觸達控」)、乙記録九四ノ一「明治元年八月九月十月 御達被仰出御留控 三冊」ノ三(「乙94―1―3達仰出留」)。

注

(1)「宗徳日記」は七巻に分冊されている。宗城の『御日記④ 明治元辰六月より九月迄 在京阪』は、次回の宇和島伊達家叢書第七巻として出版の予定。

(2)本宗徳日記は『御日記①』(『宇和島伊達家叢書③』)所収の解題「慶応三年から四年初頭における伊達宗城日記類の基本構成」中のC「御手留日記」に相当する。

(3)『御日記③』六四―六五頁。

(4)同右書七二―七四頁。

(5)同右書一一〇頁。

(6) 同右書一〇九－一一〇頁。
(7)「甲22－2岩書翰」。同文書は『百官』四六一頁と「大維稿三百八十三」にも収載。
(8)『御日記③』一一二頁。
(9) 仙台藩説得には宗徳が兵隊より先に出発するよう内決。
(10) 宗徳がまず江戸へ出て情報を探ってから仙台へ出張。
(11)『御日記③』一一三頁。
(12) 七月一日奥羽鎮撫総督・九条道孝（くじょうみちたか）と副総督・澤為量（さわためかず）、参謀・醍醐忠敬（だいごただゆき）が秋田で合流。
(13) 薩長の司令官や兵隊など。
(14) 十一人の仙台使者中六人が殺害された（『戊戦』一四四－一四五頁）。秋田史料による新視点の提示も参照（『秋田戦』一三三－一八四頁）。
(15)『御日記③』一一四頁、「乙記録九四 三ノ一」。
(16) 同右書一一五頁。ただし、越後出兵命令の達書も請書も見つからない。
(17) 同右書九五頁。
(18) いささかでも。
(19) 秋田藩の協力を期待しているのか。
(20)「備忘筆記」八月四日。
(21)「甲28待罪書」、「大維稿四百六十二」。
(22) 松根図書の実弟。
(23) 京都近辺の意と思われる。
(24)「備忘筆記」八月六－八日。

(25)『御日記③』一一四頁。
(26)『仙戊史』七五六頁の記事が尾をひいて、類書に最初から出雲が三士と同行したように書かれていて、出雲が主役を果たしたような記述さえあるが、出雲が仙台へ出立するのは十月に入ってからであり、同月二十四日に青葉城で慶邦に対面している(「備忘筆記」十月十八日以下の記事)。出雲は仙台藩の終戦処理にだけ入仙したようだ。
(27)「平潟口總督日誌」(『大維稿』九月一日)。文面から推測するに通行許可依頼書は大村の直筆だった可能性がある。宇和島三士の何人かはかつて大村益次郎の在宇和島中接触があった可能性が高いので、面会している可能性もある。
(28)「大維稿三百八十三」。
(29)『仙戊史』六四四頁に「瑞巖寺ニ至リシモ、策ヲ用ユルノ機會ナカリキ」とあるのは事実誤認である。
(30)「乙90觸達控」七月記事。
(31)「甲105－4－2　手続書」。
(32)宗城第二子で慶邦の養嗣子、幼名は経丸。
(33)『戊役史下』六五三頁。
(34)「甲105－4－2　手続書」。
(35)『仙戊史』七四五－七五七頁。同様の記述は『戊紀事』では二六頁。
(36)『戊紀事』一－一八、二二－二八、三三－三五頁に宇和島藩使者関連記事がある。『戊辰紀事』の編著者は若年寄、御物書、御軍制係を勤めた佐藤信であり、赤痢菌発見者の志賀潔の実父である。『仙臺戊辰史』も『戊辰紀事』に負うところがあったようである。
(37)仙台藩だけで会津を討伐すること。当初朝廷はそれを期待していた。
(38)『戊役史下』六五三頁。
(39)『仙戊戦』三八五頁。
(40)『戊紀事』三頁。

(41)『仙戊戦』三八〇頁。
(42)『戊紀事』一頁。
(43)『戊役史下』五四四頁
(44)『仙戊戦』三八五頁。
(45)同右書三八四－三八五頁。
(46)『戊紀事』二頁。
(47)同右書六－七頁。
(48)同右書一〇頁。
(49)尊皇攘夷の下級武士による佐幕派に対する暴発で、氏家竹之助は永牢に処せられていた(「岩山論文」)。
(50)『仙戊戦』八頁では「六月六日に竹之助出獄」とあり、同書二七頁では「八月中…肥後藩等の内より面會致度由密々申來候…」となっている。出獄が六月六日で、八月に肥後藩からの働きかけがあった。
(51)『仙戊戦』二三六頁。
(52)『戊紀事』一二頁、『仙戊史』七五二頁。
(53)『仙戊戦』二七八頁。
(54)『戊紀事』二三頁。
(55)同右書、四－五頁。
(56)同右書、二三頁。
(57)同右書、二六頁。
(58)同右書、同頁。
(59)『仙戊史』七七一頁。
(60)『仙戊史』五〇四－五〇八頁。

(61) 伊達文化保存会「乙16文書」には二〇通の宗城宛長岡良之助書翰がある。慶応二年九月に長岡良之助は来宇し、宗城と情報交換をしている(「歴う」第三十三号、宇和島藩研究史料データベース)。
(62) 西郷隆盛は上野戦争のあと五月二十二、三日頃大総督府へ辞意を表明し(『事蹟』二七九頁)、政府は慌てて滞京命令を出している(『百官 上』七二頁)が、六月十一日鹿児島に向け大阪を発った(『西郷傳』一四八頁)。五月十五日頃から大総督府で指揮を執っていたのは大村益次郎と考えられる。
(63) 良之助と益次郎の関係も親密だった(『事蹟』一七〇―一七七頁)。
(64) 加納藩主・永井尚服(ながいなおこと)。加納藩は出兵していない。代わって越前大野藩が兵を送っている(『戊役史 下』六九四頁)。
(65) 福山藩主・阿部正桓(あべまさたけ)。
(66) 箱館出兵を容赦する。
(67)「乙94―1―3達仰出留」。
(68) 赤痢菌発見者の志賀潔が、父佐藤信の遺した記録を整理・出版、注(36)参照。
(69)「甲、乙記録」などの文字は原文書にない。分類上のもの。
(70)「御直書」でその一から四まである。

人名索引

人名索引凡例

1　本索引は『伊達宗徳公在京日記』（翻刻、脚注）に登場する人名を五十音順に排列し、収録したものである。

2　人名表記は以下の原則に基づくこととした。

(1)「美作守」のように官名で登場する場合は、「→奥平昌邁」と名前を記し、「奥平昌邁」の項に記載した。

(2)「土佐藩主」のように姓名の記載がない場合は、「→山内豊範」と名前を記し、「山内豊範」の項で明示した。

(3)「大総督」のように官職・役職で表記されている場合でも、それが明らかに人物を表し、その人物名が明らかな場合は、「有栖川宮熾仁親王」と記し、「有栖川宮熾仁親王」の項に記載した。

(4)「東西」のように、複数の人名を表している場合は、「東久世道禧」と「醍醐忠敬」に分けて記載した。

(5) 収録した人物に変名や別名のある者は、（　）内に記載した。

(6) 姓と名のいずれか若しくは部分的にしか表記されていない場合や、変名や別名で表記されている者に関しては別項目を設けて本名を「→　」で示した。

3　姓名の読み方のはっきりしない者は、音読みで記載した。

【人名索引】

【編纂者略歴】
近藤　俊文（こんどう・としふみ）
1932年生まれ。翻刻校注『伊達村壽公傳』、『伊達宗紀公傳』、『伊達宗城公傳』、『伊達宗城公御日記①』、『伊達宗城公御日記②』、『伊達宗城公御日記③』（創泉堂出版）など、元公益財団法人宇和島伊達文化保存会理事、宇和島歴史文化研究会会長。

水野　浩一（みずの・ひろかず）
1937年生まれ。翻刻校注『伊達宗城公御日記①』、『伊達宗城公御日記②』、『伊達宗城公御日記③』（創泉堂出版）、現在公益財団法人宇和島伊達文化保存会評議員、宇和島歴史文化研究会事務局長。

【宇和島伊達家叢書⑥】
伊達宗徳公在京日記　慶応四辰七月廿二日より明治元辰十月十八日着城迄
― 宇和島・仙台伊達家戊辰戦争関連史料　その二 ―

2018年9月25日発行
監　修　公益財団法人 宇和島伊達文化保存会
編　纂　近藤俊文・水野浩一
発行者　橋本哲也
発　行　有限会社　創泉堂出版
〒162-0808　東京都新宿区天神町64番　創美ビル2Ｆ
電　話・03-5225-0162
ＦＡＸ・03-5225-0172
印刷・製本　創栄図書印刷株式会社
© 宇和島伊達文化保存会 2018

本書の内容の一部あるいは全部を無断で複写（コピー）することは、法律で認められた場合を除き、著作者および出版社の権利の侵害となりますので、その場合にはあらかじめ小社あて許諾を求めて下さい。乱丁・落丁本はお取替え致します。
ISBN978-4-902416-43-5 C3021 Printed in Japan

宇和島伊達家叢書　既刊案内

《宇和島伊達家叢書①》井伊直弼・伊達宗紀密談始末
藤田　正［編集・校注］
幕末の激動期に松平春岳（福井藩主）・山内容堂（土佐藩主）ともども活躍し、賢公の誉れ高い八代藩主・宗城が、井伊直弼大老をはじめ幕閣の画策によって、隠居に追い込まれるに至る顛末を克明に記録した未公刊史料である。
● A5 判並製・62 頁　●本体 1,500 円＋税　● ISBN：978-4-902416-24-4 C3021

《宇和島伊達家叢書②》伊達宗城隠居関係史料　―改訂版―
藤田　正［編集・校注］・仙波ひとみ［改訂］
第一集の続編にあたり、宇和島伊達文化保存会所蔵史料の中から伊達宗城の隠居に関わる記録・書翰類を採録して、「伊達宗城隠居関係史料」「伊達宗紀・宗城宛井伊直弼書翰」「逸事史補関係史料」の三章構成で編集したもの。
● A5 判並製・80 頁　●本体 1,250 円 + 税　● ISBN：978-4-902416-38-1 C3021

《宇和島伊達家叢書③》伊達宗城公御日記①　慶應三四月より明治元二月初旬
近藤俊文・水野浩一［編纂］
宗城が幕末、いわゆる四藩会議のために着坂した慶応 3 年 4 月 12 日に始まり、堺港攘夷事件が決着をみた慶応 4 年 2 月 13 日までの出来事を綴った直筆日記である。この時期に勃発した二大攘夷事件、神戸事件と堺港事件の克明な記録である。
● A5 判並製・122 頁　●本体 1,600 円 + 税　● ISBN：978-4-902416-35-0 C3021

《宇和島伊達家叢書④》伊達宗城公御日記②　明治元辰二月末より四月迠 在京阪
近藤俊文・水野浩一［編纂］
京都で発生した攘夷派によるパークス英国公使襲撃事件によって、成立直後の維新政府は存亡の危機に立たされた。事態収拾の重責を担い奔走する宗城公の未公刊直筆日記の続編である。
● A5 判並製・112 頁　●本体 1,600 円 + 税　● ISBN：978-4-902416-37-4 C3021

《宇和島伊達家叢書⑤》伊達宗城公御日記③　明治元辰四月末より六月迄 在京阪
近藤俊文・水野浩一［編纂］
鳥羽伏見の戦いのあと、宇和島藩の宗藩たる仙台藩はついに朝敵とされるに至る。本書は複雑な藩論をかかえ、深刻な焦燥感に苛まれながら、事態の打開策を必死に模索する宗城の激動の日々を浮彫りにする。本書はその前半期の様相を克明に記録。
● A5 判並製・140 頁　●本体 1,600 円 + 税　● ISBN：978-4-902416-39-8 C3021